U0935655

营销突破

II

主编　何海明　王跃进
策划　李银会　郑春颖

Marketing Breakthrough

CUCP 中国传媒大学出版社
·北京·

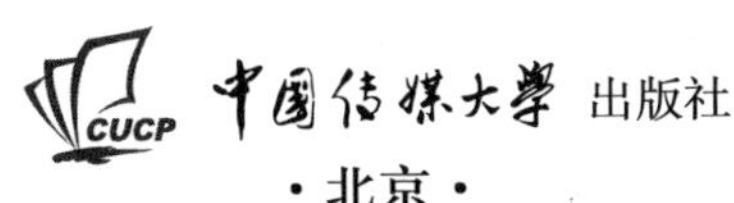

图书在版编目(CIP)数据

营销突破. Ⅱ / 何海明，王跃进主编. -- 北京：中国传媒大学出版社，2020. 8
ISBN 978-7-5657-2737-5

Ⅰ. ①营… Ⅱ. ①何… ②王… Ⅲ. ①企业管理—营销战略—研究 Ⅳ. ①F274

中国版本图书馆 CIP 数据核字（2020）第 125579 号

营销突破Ⅱ

YINGXIAO TUPO Ⅱ

主　　编　何海明　王跃进
策　　划　李银会　郑春颖
策划编辑　程　平
责任编辑　程　平　姜颖昳
封扉设计　大鹏设计
责任印制　李志鹏

出版发行　中国传媒大学出版社
社　　址　北京市朝阳区定福庄东街 1 号　邮　　编　100024
电　　话　86-10-65450528　65450532　传　　真　65779405
网　　址　http://cucp.cuc.edu.cn
经　　销　全国新华书店

印　　刷　北京中科印刷有限公司
开　　本　710mm × 1000mm　1 / 16
印　　张　12.5
字　　数　205 千字
版　　次　2020 年 8 月第 1 版
印　　次　2020 年 8 月第 1 次印刷

书　　号　ISBN 978-7-5657-2737-5/F · 2737　定　　价　68.00 元

本社法律顾问：北京李伟斌律师事务所　郭建平

《营销突破Ⅱ》编委会

本书专家组成员

何志涛　梁金辉　秦力洪　秦玉峰　唐本国　吴海军
王义善　王占刚　徐立军　郑春颖　张荣明　张铁成
周兆呈

项目课题组成员

何海明　杜国清　陈　怡　符绍强　马　澈　张　津
杨　纯　郑海峰　曾　鹏　徐嘉欣　陈栩臻　潘今语
黄信鹏　方贤洁　宋诗谣　蒋文昕

导 读

2019年中国传媒大学开办的第三期企业营销战略课结束了，一共有14家企业的董事长和高管来到中国传媒大学的课堂，这些企业中有餐饮企业海底捞、大董，名酒企业老白干、古井贡，化妆品龙头伽蓝集团，保健品领军企业东阿阿胶，高端服饰及珠宝品牌爱慕内衣、赛菲尔，新能源品牌蔚来汽车，老牌IT企业神舟电脑，有从教育硬件进入软件服务业的优学派、差别化进入市场的社交电商云集、做跨境电商的联络互动，以及坚守收视和市场研究的央视市场研究公司CTR。我们整理了这些企业家精心准备的课件，并征得他们的同意，将其中的13讲结集成书，奉献给读者。

以人为本的“海底捞”式创新

我在长江商学院结识了海底捞的创始人张勇，他推荐了公司的首席战略官周兆呈来中国传媒大学讲课。周兆呈就读于新加坡，曾任新加坡报业集团副总裁、联合早报网主编，是传媒人，也是南洋理工大学的副教授。

周兆呈认为海底捞最让人学不会的是创始人之“道”，其他企业没有办法复制与张勇一样的创始人去影响企业的基因。人力资源体系是海底捞的核心竞争力，海底捞有两个极具特色的模式：计件工资和师徒制，分别对应培养制度和薪酬制度。很多企业觉得这似乎没有什么大不了的，可海底捞是从员工的角度来落实这个模式、落实“双手改变命运”的核心价值观的，海底捞的员工追求的不是收入的提升和生活的改善，而是命运的改变，这就需要有根本性的收入改变。再如海底捞不考核单店的营收利润结构，而是考核顾客的满意度。

海底捞的亲情式关怀、人情化管理也很值得我们学习，张勇和管理团队是在顺应传统中华文化，而不是和人性做对。海底捞认为味道不是餐饮竞争的核心，因为让每位消费者都认可相同口味的可能性很低，所以海底捞选择用极致的服务确立品牌的差异化。

从海底捞能学到的东西很多，请大家阅读这一章。

老白干的全国化拓展之路

衡水老白干是区域性的老牌名酒，全国知名，河北为王。老白干发迹于衡水，品牌以高打低，创新渠道模式，用六年时间在省会石家庄站稳了脚跟，然后成为河北白酒第一品牌。

老白干酒业股份有限公司总经理王占刚上任后，积极探寻企业未来的发展方向：第一是泛全国化，第二是做强区域。老白干从三点突围：一是做强势品牌；二是优化品类；三是资本运作，做大规模。老白干导入“不上头”定位，落实定位后的动作，做得很扎实。王占刚认为，有些人因为看见而相信，而企业家其实是因为相信而看见。做全国品牌很难，但老白干有这个信心。

古井贡的大营销思维

古井贡董事长梁金辉是少有的从广告部经理成长起来的企业家。他将营销的本质推导为“三品论”和“九板论”，“三品”为“品质、品牌、品行”，“九板”为“前三板销售、中三板管理、后三板质量”。他认为营销的最高境界是“追梦”。梁董事长毫无保留地分享了古井贡差异化的营销传播心得：所有传播手段围绕古井贡有文字记载的最完整的酿酒方法，即将其采用最古老的北魏时期的井水、发酵于中国最老的明代窖池群，以及桃花春曲、原酒窖藏、原生环境、精选纯酿五大卖点传达给消费者和渠道，并不断利用高科技赋能。

梁金辉担任企业董事长后的五年，将古井集团年销售额从不到 50 亿元提高到 100 亿元。他说，心态比状态重要，成长比成功重要，过程比结果重要，功夫比销量重要。我们期待古井贡下一个五年的奇迹。

东阿阿胶的定位战略

东阿阿胶是定位战略的实践者和受益者，总裁秦玉峰在“定位战略”的指导下，聚焦阿胶主业，将阿胶单品的年销量从不到3亿元增长到54.2亿元（2018年）。他认为，选择定位战略就要围绕战略做资源配套，然后用一套组合拳来保证战略的实施。

这套组合拳包括启动全产业链和全过程溯源工程；启动感知质量、购物便利化工程；启动文化体验营销和价值回归工程。另外，东阿阿胶还通过变革管理体系保障了定位战略的实施。

在山东省偏远的东阿县，东阿阿胶实施的是一流的国际管理，它采用的管理方法和管理工具是世界级的，并坚持一以贯之，持续创新。

伽蓝的东方美学营销

我在中央电视台广告中心工作时，就和伽蓝集团的董事长郑春颖先生很熟，当时我觉得伽蓝是一家做事很认真的企业，但同时我也认为国产化妆品做高端难，赶超外资品牌更难。因为这一领域的国际品牌很强势：国际巨星代言、广告重磅投入、包装奢华精美、往往占领百货大楼一楼最显眼的柜台。但2019年郑董事长来中国传媒大学授课时，企业的年营业额已突破100亿元，名列国内化妆品销售额第一。

伽蓝的品牌使命是践行东方美学，向世界传递东方价值观。围绕这个使命，伽蓝在产品研发过程中从研究东方人的皮肤开始，所有产品的材料源头均指向喜马拉雅，从广告定位到公益事业都围绕喜马拉雅的生态展开。伽蓝认为，打造高端品牌需要五个要素：传奇成分、尖端科技、卓越功效、超卓品质和高级美感。围绕品牌年轻化，伽蓝迅速应对数字化时代，起用年轻代言人，人格化品牌，用社会化营销链接社会热点，情感触动消费者，尝试跨界营销，启动产品的二次元文化。郑春颖用16年时间打造了中国化妆品第一品牌，我们有理由相信自然堂将会成为中国的化妆品传奇。

爱慕的品牌进阶之道

爱慕的董事长张荣明从北京钢铁学院（原北京科技大学）毕业后，一次偶然的机会让他进入了一家亏损的集体企业。经历三次企业改制，张荣明打造了专注时尚内衣的爱慕集团。

张荣明认为支撑爱慕品牌的是科技搭建的“产品力”和生活文化所带来的“故事力”。在硬于软、张与弛之间，爱慕彰显了品牌基因。中国制造逐渐被世界认可，“国潮”风涌动，背后是张荣明这样懂科技、有情怀的企业家扎根一个个行业深耕细作的结果。

赛菲尔从零到一的品牌破局

赛菲尔珠宝的董事长王义善是从山东农村走出来的企业家，他聪明、勤奋，改变命运的初衷使他能够敏锐地观察社会、抓住机遇。他给同学们分享的是他多次发现商机的故事，赛菲尔珠宝是他多次创业的又一结果验证。他以稻盛和夫的人生成功方程式，即“人生 / 工作的结果 = 思维方式 × 热情（努力）× 能力”结束了他的分享。王董事长是个学习型的企业家，他的家庭是一个学习型的家庭，成功对这样一位企业家而言，可以说是多年努力后的水到渠成。

蔚来汽车的体验式营销

蔚来汽车的总裁秦力洪是天之骄子持续努力的典范，从北京大学本、硕毕业后，他在宝洁、罗兰贝格咨询公司历练过，在汽车企业和地产公司做过高管，然后与他北京大学的师兄李斌一起创业做新能源汽车。秦力洪说“蔚来的商业本质是用户为体验买单，企业靠效率挣钱”。蔚来设计极致体验的产品，用服务传递体验，在营销中心解构用户触点，创新情感体验，追求与消费者的精神共鸣，形成体验营销闭环。蔚来汽车选择了一条艰难的赛道，自创立到现在一直在鼓励和争议中成长。听秦力洪讲课是一种享受，既讲得清楚，又有理想情怀。

神舟电脑的立体营销战略

神舟电脑的董事长吴海军是个诗人企业家，他从售卖电脑配件起家，创建了神舟电脑品牌。在市场上电脑品牌多如牛毛的20世纪90年代，神舟电脑见招拆招，稳居前五，创立的“新天下”电脑公司销售规模仅用五年就超过了10亿。

神舟电脑过去靠国际市场配件的成本优势，现在靠自主研发压缩成本，吴海军在课堂上分享了他的海陆空立体营销。神舟电脑如今已抛弃了传统的销售渠道和媒介投放，全面转到电商平台。面对新事物，吴海军用诗这样表达：“我们寻找你的足迹，跟着你的足迹一起跳动，有你的地方，我们心就向往，所以你在哪儿，我们就能找到哪儿。”他以自己的诗结束了他的课堂分享：“我们终结旧时代，我们开创新天下，英雄，在年轻的夜晚，就已成为民族脊梁。”

优学派的品牌突围与战略布局

优学派的董事长唐本国是二次创业的企业家，他从艰苦的农村考上清华大学，先后在国企、港台企业工作，然后创业做贸易，直到1999年创办诺亚舟集团，进入了教育行业。他将自己定位为一名教育工作者，认为中国教育存在教育资源不均衡、教育模式不科学、学习过程不快乐、教学效果不理想的弊端。他思考如何让技术为教育赋能，他创业的第一家教育公司诺亚舟主要生产电子词典，公司以关键技术和高性价比击败了市场老大，八年后在美国上市。

2011年，唐本国开始用购买的教育科技业务发展优学派品牌，进入为家庭、学校和培训机构服务的智能课堂市场。有了诺亚舟的创业经历，唐本国对优学派的公司架构、商业模式、营销布局、品牌传播都有清晰的规划，和主持人的对话也很精彩，这一章值得一读。

云集的社交电商之道

云集的成长极为迅速，2015年成立，2019年5月在美国纳斯达克上市，四年时间付费会员超过1,000万人，收入过200亿元。云集副总裁张铁成曾

任职于通用汽车 、阿里巴巴，和云集董事长肖尚略一样，十分熟悉电商这一行业。

云集的商业模式是 S2B2C，S 是云集集成的大服务网，B 是小卖家，C 是消费者。云集的优势在于将消费者赋能成为小卖家，利用消费者的强社交关系进行销售。云集也会利用社交数据，反向打造爆款商品，借力社交优势，促成“购物批发价”。云集的一系列社交之道让人耳目一新，颇受启发。

联络互动的跨境之路

联络互动创始人兼董事长何志涛是 80 后的互联网老兵，2007 年，他创办了北京数字天域科技有限公司，该公司 2014 年在深交所 A 股持牌上市，2016 年，他收购了美国老牌科技类电商 Newegg（新蛋），开始布局双向跨境电商。他这次到中国传媒大学的创业课堂，分享的是联络互动的跨境之路。

何志涛认为，中国企业的跨境挑战来自管理制度、文化差异、企业运行逻辑。他认为跨境电商将会在中国乃至世界发生改变。他说，商业沟通有一部分是量变，一部分是质变，有人做质变，有人做量变，有“野心”的人要考虑的永远是如何达到质变。

CTR的变与不变

CTR 市场研究公司是中央电视台旗下的公司，也是国内市场研究公司中规模最大的企业，并且是中央电视台旗下最好的公司之一。

CTR 总经理徐立军分享的题目是“变与不变”。在互联网时代，企业必须研究行业的“气候性变化”给其经营带来的挑战，徐立军认为，企业转型本身是无须选择和讨论的，“所有的成功都是转型的包袱”。CTR 研究媒介，本身也要互联网化，从产品到服务、技术、流程都要迭代升级。CTR 拥抱变化，也紧握不变。徐立军引用了亚马逊董事长贝佐斯的名言：“大多数人都高估了市场的变化速度，而低估了没有发生变化的重要性。”

感谢这13家企业的精彩分享，它们耗费心血的课件是这个时代中国企业家们营销智慧的结晶。李小萌、赵音奇、张东、郎永淳等著名主持人与企业家对话，连进等品牌顾问的加持，使这门课和这本营销战略书有了更多的思辨。

本书的策划是天佑德青稞酒董事长李银会和上海伽蓝集团董事长郑春颖，这两位企业家鼎力支持这门课，一起策划了课程方案并给予了经费支持。中央人民广播电台央广传媒广告分公司和中国传媒大学广告学院是发起单位，央广传媒公司董事长王跃进先生和我是这本书的主编。两位副主编是中国传媒大学广告学院的杜国清教授和陈怡博士，他们带领课题组完成了本书的编写、整理工作。这门课还得到了阿尔卑斯饮品董事长梁涛先生的赞助，在此表示感谢。

“企业营销战略”在商学院是很平常的一门课，但系统地让企业家来授课，这是中国传媒大学的创新。当然，这样一门金课不能局限在一所大学，几家互联网平台慧眼识珠，每节都面向全国直播，故每次都有几十万人在线学习。我们还让专业公司将课程制作成了视频，扫描书中每一章的二维码，就能看到现场讲课的集锦，让读者能身临其境。这样的课程我们已坚持了三年，已有许许多多的学生和网友受益。将课程的记录《营销突破》持续编撰下去是我们的责任，也是我们的荣耀。

何海明

2019.12.30

目　录

Contents

回到原点的创新

以人为本的"海底捞"式创新

从创业初始的8,000块到2018年香港上市后市值过千亿港币，再到如今169亿的销售额，海底捞在中国改革开放的背景下，作为一家民营企业快速地成长，发展成为中国乃至世界中式餐饮的龙头企业，成功的关键就在于其回归了餐饮业原点，做到了以人为本。

2019年4月2日，海底捞国际控股首席战略官周兆呈来到中国传媒大学"企业创业与创新"公开课的课堂，他立足餐饮业原点，结合海底捞品牌发展历程，详细剖析了海底捞"以人为本"的创新之源，将海底捞"学得会"的模式和"学不会"的智慧娓娓道来。

图1　周兆呈在课堂上做精彩分享

精彩分享

以员工为本加速品牌内化，由内到外实现品牌创新

餐饮行业有三大特性：一是劳动密集型；二是低附加值，利润空间有限；三是碎片化，没有一个顾客会一直在同一家餐厅吃饭。环境、卫生、食材、口味、服务是餐饮行业最基础的构成因素，不能标准化、不可复制、不能规模化是餐饮行业的痛点。在这样的行业特性下，海底捞能成长为具有一定规模的企业，得益于回到管理、需求、人本的原点，由内到外全方位持续创新。在内部构建以员工为本的管理模式，创新制度与文化，从而加速品牌内化；在外部，海底捞将以人为本的创新理念融入市场营销策略中，以消费者为核心，从消费者（consumer）、成本（cost）、便利性（convenience）、沟通（communication）“4C 模式”出发，实现了品牌差异化。

学不会的“人”之道

畅销书《海底捞你学不会》详细剖析了海底捞的运作，海底捞高层也多次公开演讲，分享海底捞的成功之道。周兆呈认为，海底捞最让人学不会的是创始人之“道”，任何企业都没有办法复制与张勇董事长一样的创始人去影响企业基因，制定契合企业自身特质的发展战略。就像稻盛和夫所言：“领导者的人格决定企业兴衰，领导者的视野决定企业格局。”一个企业的核心在于人，这里的“人”有多个层次的含义。首先是企业核心管理层，创始人团队对企业的规划、管理以及布局等影响深远；其次是企业管理员工的方式、模式和理念。这两点看似容易，能不能学得会、学会多少却因人而异。好比同样一本菜谱中，某一道菜的制作程序列得很清楚，包括食材的重量、数量以及应该怎样搭配，但不同的两个人做出来的菜味道一定是不一样的，他人对每道菜的评价也是不一样的。这个菜谱类似海底捞公开分享的管理模式，具体执行战略时就像不同人做菜，产生的效果也会不一样，这其中的原因就在于人的不可复制性。

人力资源体系是核心竞争力

张勇曾说：“人力资源体系才是海底捞的核心竞争力。”这里所说的人力资源体系，是指企业在人力资源管理过程中所形成的制度、流程、组织等系统化产物，包括招聘、培训、薪酬、考核、人力资源配置、劳动关系管理等。海底捞没有特别复杂的管理理论，追求落地实施的便捷性，其中有两个极具特色的模式：计件工资制和师徒制，分别对应培养制度和薪酬制度。

计件工资制，简单来说就是干多少活儿拿多少工资。很多公司不对员工实施计件工资制，而是根据绩效评级，让员工按等级领取奖金。海底捞在实施按绩效考核发放工资的过程中发现，这种方式对门店服务员而言，无法令其利益与企业的效益真正挂钩。举例来说，一家餐厅一天接待 300 位顾客，员工基本月薪为 4,000 元，如果生意好，每日顾客增加至 600 位，规模翻了一倍，按理说很多老板会给员工发 5,000 元薪水。看似薪酬增多了，但实际上员工付出的努力与收入并不成正比。计件工资制则可以改善这一点，生意越好，员工薪水越高，心情越愉快。此举提升了员工的服务意愿和服务动力，并为员工提供了实现自身价值的途径。

师徒制常应用于传统手工行业、制造行业，其优势在于切身性和实践性。在海底捞，师傅和徒弟利益捆绑，师傅会全心全意教徒弟，徒弟成长为店长后也会继续拓展培养门店新的管理人才。此举解决了人才流动与企业发展之间的矛盾。海底捞的核心价值观是“用双手改变命运”，通过努力，人人有机会在海底捞实现职位晋升、改变命运的梦想。员工的收入从 4,000 元增加到 5,000 元，只是相对改善生活，改变命运则要有根本性的收入改变。

海底捞以人为本的绩效考核（KPI）是不考核营业收入和利润指标的，因为如果给门店设立利润指标，店长反而只想着开源节流、削减成本，无法让顾客感受到更极致的体验。海底捞采用的是过程考核法，考核的是门店员工的努力程度及顾客满意度，员工的努力很大程度上会体现在顾客的满意度上。但顾客满意度是较为主观的，很难用科学指标测量，所以海底捞采用类似米其林餐厅测评的方式，邀请各行各业的嘉宾以普通顾客的身份去门店试吃并打分。测评结果不一定百分百客观，但基本上接近这家门店的真实水平。每三个月门店评级一次，这是一种动态的、从顾客角度出发的评估。这种方法不代表海底捞不在意财务指标，而是说它通过动态评价更准确地评估门店的日常运营，评估结果相对准确地更接近实际的工作情况。

依靠这一系列的人才管理模式与企业文化构建，海底捞实现了品牌的内化，将企业的品牌理念有效地传递给了员工，让员工就品牌价值观、经营理念达成了共识，使之自愿成为品牌接触点，并通过自己的服务将品牌理念传递给了消费者。

家文化提升员工忠诚度

海底捞为人称道的人力资源管理体系源于独特的家文化。企业文化指导着人力资源管理的方向和方法，并对员工忠诚度产生很大影响，在海底捞主要体现为以下两点：

一是亲情式关怀：海底捞将员工当作家人，给予其亲人般的关怀，这种关怀覆盖了员工的食宿、生活等方方面面。海底捞的员工宿舍条件在餐饮行业处于较高水准，宿舍一般选在门店附近的小区中，方便员工上下班，并配有相应的物管、电脑和网络，也有专人负责为其洗衣服、做饭。此外，海底捞还有个特别的“嫁妆”规则——任职一年以上的店长离职，将被给予一定金额的“嫁妆”，即使这个员工要跳槽到同行那里也毫不吝啬。张勇认为，海底捞的工作较为辛苦，凡是能做到店长及店长以上级别的员工，都对海底捞做出了巨大贡献。企业发展成如今庞大的规模，每位干部都有一份功劳和苦劳，所以无论他们出于什么原因离职，海底捞都应该给予补偿。

二是人情化管理：在严格遵守企业管理规范的基础上，海底捞的管理者基于感情与个人关系对员工进行约束与管理。海底捞采用招聘推荐制，鼓励员工推荐家人、朋友来海底捞工作。在海底捞，一线的服务员就有权给客人免单，放权本身也是出于对员工的信任。同时海底捞较少从外部聘请管理人员，以内部提拔为主。因为有极强的企业认同感，海底捞员工的离职率在10% 以下，处于行业内极低水平。海底捞副总杨丽娟加入海底捞的第一年，家里被追债，老板张勇直接借给她相当于 5 个月工资的现金以解燃眉之急。因此即便随后众多猎头抛来橄榄枝，杨丽娟也从未想过离开海底捞，因为海底捞就是她的家。

海底捞的家文化引起了广泛的赞誉，被认为是当今企业盛行的“狼文化”外的一股清流。在周兆呈看来，家文化是中国传统文化的重要组成部分，比较容易被员工理解和接受。提到家文化的时候，人们想起的总是父母无微不至的照顾、亲人之间的温情和温暖，以及人与人之间互相照顾、互相依托、互相扶持的理念和价值观。其实任何一家企业都希望能够在企业内部打造出家文化，体现温情。在管理层面，家文化赋予了企业“家长式管理”的风格。风格不同的企业会有不同的管理方式，因为有的“家长”很开明，有的“小孩”很叛逆，所以家文化从管理层面来看是很复杂的组合体，每个年代都有每个年代的特点。随着企业规模不断壮大，海底捞的组织方式和企业管理方式一定会更趋于民主化，让更多的利益相关者有表达和参与决策的能力与机会，这样才能确保一个企业在不同阶段实现更长远的发展。

以消费者为本的创新，建立品牌差异化

标准化产品，快速复制

标准化是海底捞产品策略的第一步，火锅最容易做到程序标准化。因为火锅店只需要提供食物、餐具、底料和酱料，很容易快速复制，扩张开店。张勇曾表示，他从来不觉得味道好是餐饮竞争的唯一核心，因为南北方的口味差异较大，让每位消费者都认可相同口味的可能性较低。因此海底捞的做法是将产品标准化后提供更多口味选择，确保无关地域归属地的消费者都能享受到自身想要的产品，避免出现消费者感知的巨大差异。

用极致服务确立品牌差异化

当然，标准化只是基础，论及海底捞的成功，最早就是因为创始人张勇抓住了餐饮行业的本质——将服务做到极致。随着海底捞企业的发展，极致服务早已成为一种观念，深入每位员工心中，成了企业隐形的发展战略。

如果说人力资源体系将海底捞品牌内化，那么极致服务就是能让消费者

感知到的外化价值，是海底捞展现在顾客面前可见可触的企业文化，也是海底捞建立品牌差异化而区别于其他火锅店的高辨识度的组成要素之一。满意的服务体验激发了顾客的讨论热情，由此形成了对海底捞生存发展十分重要的口碑传播。

在服务上，海底捞的确做了一些创新，比如在顾客等餐过程中帮其擦皮鞋等业务始于20世纪90年代董事长张勇创业之时，此举令顾客颇为感动。由此他观察到，在中国，服务是非常稀缺的资源，通过服务能够让顾客更好地体验到海底捞提供的优质食材、环境、卫生等，所以海底捞不断在优化自身的服务。服务的特点就是解决顾客需求，而需求未必是顾客自主发现的，海底捞希望做到的是帮顾客发现需求，甚至创造需求。顾客不同，需求就不同，感动顾客的方法就不会完全一致，所以顾客都是员工们一个一个“抓”出来的。对于海底捞而言有三条准则：第一，从关心每一位员工开始；第二，重视每一位顾客的需求；第三，发现每一位顾客的需求。

海底捞提供了许多有特色的个性化服务，包括等位时为顾客准备各种零食、水果、游戏，为女性顾客准备免费美甲（工作日）和手部护理（节假日），免费皮鞋擦拭清理服务，免费照片打印，按摩椅放松，就餐时提供四川特色国粹变脸表演和融合中华武术的捞面表演，服务员帮忙调制特色酱料，部分门店设有儿童游乐园并有专人陪护等。

海底捞作为服务型企业，顾客的认可是建立品牌忠诚度的关键，这是无法用营销、广告、口号做出来的，是靠每天的接触、真诚的服务构建起来的。

运用前沿智慧科技，提升消费者体验

新技术的运用可以改变餐饮行业的成本结构，改变顾客跟门店之间的关系。但技术是冰冷的，因而必须思考如何在技术创新的同时回归以人为本的原点。很多企业使用新技术是为了解决效率、服务质量、用户体验、成本等问题，海底捞对科技的应用则是为了减轻员工的压力，致力于消费者服务体验的提升。

新技术的运用对海底捞产生的影响可以总结为三点：一是提升食品安全

水平，食品安全是餐饮行业的生命线；二是提供更加精准的客户体验；三是实现未来的价值转移，这种价值转移可以满足顾客的多种需求。借助新技术，海底捞可以在餐饮之外的价值链条上挖掘潜能和机会。比如海底捞目前已自主研制出啤酒、乳酸菌饮料等，未来可能会推出更多与生活场景密切相关的产品。海底捞在全球有 400 多家门店，未来还会继续增长，每一个门店其实都是流量的入口。2018 年海底捞到店消费者 1.6 亿人次，会员数达 4,000 万人，通过海底捞的应用程序，海底捞不仅可以建立更精准的用户画像，提升消费者体验，还可以通过建立虚拟社区为用户提供更多的增值服务。

开设智慧餐厅是海底捞在技术创新领域的重要举措之一。2018 年 10 月下旬，海底捞全球首家火锅智慧餐厅在北京中骏世界城开幕。该餐厅智慧与餐饮的结合主要体现在三个方面：智慧生产、智慧运营和智慧服务。

智慧生产、智慧运营体现在两个方面：首先是 IKMS 智能厨房管理系统，它相当于智慧餐厅的大脑，门店用电等相关能耗、菜品消耗速度、库存数量等整个后厨的管理系统都是通过自动化的智能管理系统实现的。其次是智能菜品仓库。菜品在出菜库中已实现标准化装盘，顾客点餐之后，机械臂自动配取相应菜品并由传送带传输至出菜口，服务员只需要把配好菜品的托盘从出菜口放到送餐机器人的菜架上，机器人就能根据设定的桌号送至餐桌前。整个配菜过程大大提高了出菜效率，也提高了食品的安全水平。其中比较有特色的是自动配锅机，顾客按个人喜好私人订制锅底，包括辣度、咸度等，配量精准到 0.5 克，实现了“千人千味”。机器人配好锅底后，顾客下次光临就餐时直接扫码就能享用上次同款锅底，还能将锅底配方分享给朋友。这种方式满足了用餐者私人订制以及社交分享的需求，从而提升了顾客体验。

智慧服务是顾客可以直接感知的，比如机器人配餐区、等候区通过大屏投放实时监控，就餐区还引进了声光电科技，运用 360 度环绕立体投影、六大主题场景切换，为顾客带来前所未有的“沉浸式”火锅就餐新体验。很多人质疑海底捞智慧餐厅是不是无人餐厅，其实不然，智慧餐厅只是运用新技术解放部分后厨的人力，将后厨的效率提高，以提升顾客在就餐区的服务体验，让服务员可以把精力专心用在为顾客提供更丰富的体验上，让顾客感受到愿意复购的美好的消费体验。

图 2　海底捞智慧科技运用场景

秉承消费者感知至上的提升路径

在金钱和时间上，降低消费者的感知成本

消费者为购买产品付出的是金钱和时间成本。在金钱成本上，海底捞通过增值服务提升产品的溢价能力。海底捞的客单价在 100 元以上，在火锅行业中属于中高层次，但是很多消费者前往海底捞用餐并不只是为了品尝可口的美食，还为了体验海底捞独特的服务。在提供优质服务的前提下，这样的消费水平就比较适中了。这种定价策略不仅可以令海底捞从消费者身上获得更大利益，还能为消费者提供更高质量的服务，使得双方都能受益。同时，针对不同地域的消费人群，海底捞也制定了多样化策略。比如采取地理定价策略，在一线城市和二线城市分别采取不同的菜单价格，以适应不同市场的消费水平，以赢得竞争优势，获取价格层面的更大利益。针对大学生群体，海底捞与支付宝合作，大学生凭学生证就餐可享 6.9 折优惠，从而提升了学生群体的消费承受能力。

在时间成本上，海底捞通过提供花式服务、娱乐设施和免费零食小吃，削弱了消费者对花费时间长短的实际感知，从而降低了消费者等待的时间成本。在就餐时，海底捞的锅底调配和点菜过程均有图文提示，更有服务员推荐或直接帮忙调配，这些都节约了消费者就餐时耗费的时间，让消费者能迅速享用美味。

从消费到店拓展至送货到家，为消费者提供更多就餐便利

海底捞有多种分销渠道，第一种是垂直化的门店经营模式。海底捞从1994年开设门店至今，只经营所有权式垂直分销渠道结构的直营店，不接受加盟店的申请，为的就是提高品牌的附加值，统一营销策略，降低经营成本，完成低成本扩张，保证海底捞的优质服务招牌不被破坏。

第二种是直达消费者的外卖模式。2010年，海底捞在其官网推出“Hi捞送”外卖服务，正式开启了海底捞的火锅外卖时代。“Hi捞送”指派专人将电磁炉和接线板等炊具送至用餐地点，除了为消费者提供海底捞的锅底、菜品、酱料、小菜、水果之外，还贴心地为顾客提供围裙、眼镜布、纸巾、点心、口香糖等用餐配套物品，将海底捞一贯的优质服务理念贯彻到底。这在外卖尚未普及的年代属于高成本的创新，但海底捞正是凭借这一点迅速打响了知名度，成为火锅外卖的代名词。此外，海底捞还投资了“U鼎冒菜”，布局冒菜外卖品类，拓展业务范围，逐步将用餐场景从餐饮门店扩展至家庭住所。

第三种是售卖成品的电商模式。海底捞由其子公司颐海国际负责火锅调料生产，并在各大电商平台售卖。2017年7月，海底捞正式进军自热火锅市场，目前已开发出多种口味的产品，在自热火锅市场中以后来者的身份占据了一席之地。

后两种渠道的开拓实际上是海底捞基于门店餐饮将内部服务能力进行的对外输出，以便更好地专注于主营业务，同时为消费者提供便利。

注重口碑的营销传播理念

海底捞从不打广告，它认为产品或者说服务本身更重要。实际上，海底

捞的卖点在于极致的服务，而这一点是靠消费者自我感知的。通过传统的硬广投放来宣扬自己服务贴心未免会适得其反，显得过于自卖自夸。但这并不代表海底捞不做营销推广，它只是将其变成了隐形的口碑传播和内容营销。张勇曾说："利润是从满意的顾客那里来的，不是省下来的。光是顾客的口碑就值很多钱。"海底捞通过服务让消费者成为自发的传播者，通过网络渠道与社交圈进行分享传播，如抖音上爆红的海底捞热门吃法、微博上的海底捞九大特色酱料，这些都不是海底捞企业主导的营销行为。由于海底捞的极致服务得到了顾客的认可，形成了口碑效应，在海底捞的新鲜体验成了年轻顾客群体社交的谈资，KOL（关键意见领袖）对于海底捞创新吃法的挖掘能够吸引年轻人关注，集聚流量。结果越来越多的消费者被引导至门店消费，并将美好的体验再次分享给下一批消费者，循环往复，构成了良性传播的闭环。海底捞已成为一种社交货币，品牌知名度与美誉度得到极大提升。

公关也是营销很重要的一个分支。被称为教科书式案例的海底捞危机公关，实际上只是简单地回到事情的本质，追根溯源，解决问题。在 2017 年海底捞后厨爆出卫生事件后，不同于大部分企业常见的"对涉事员工进行罚款或开除处理"，或者让临时工"背锅"的做法，海底捞反其道而行之，选择了"主要责任由公司董事会承担，员工无须恐慌"的做法。有人这样总结海底捞的两篇公关文回应：这锅我背，这错我改，员工我养。某种程度上这也是海底捞家文化的体现。在周兆呈看来，海底捞不会用危机公关这样一种表述，而是重在对事件的应对和处理。在出现一些问题的时候，海底捞的态度就是依法合规地处理，是自身的错误就认错、改正。因为人总是会犯错的，谁也不能保证不会出现任何问题，但重要的是对错误的态度。出现问题就发现问题、解决问题，如果有其他原因，就找到相关根源处理问题。处理的核心就是要尊重事实、依法合规。

海底捞始终以人为核心，管理靠人，服务也靠人，以人为本的创新才是海底捞生生不息的发展之源。越来越多的企业已经意识到消费者的重要性，它们敢于创新并坚持将尊重消费者的理念落到实处，但将这些理念融入品牌血液的却是少数。从某种程度上来说，海底捞是唯一的，创始人赋予了海底捞独特的品牌基因，这也是其他企业无法复制的一点。

课堂访谈

图 3　周兆呈对话赵音奇

问题一：今天的话题是三个原点和三种创新，这是不是使得海底捞能在同业竞争中做到最领先地位、构建行业壁垒最核心的竞争力？

周兆呈：我们不会形容自己已经产生了什么样的壁垒，我们把想法、做法分享给大家，让大家能深入了解海底捞经营的理念和做法。其实想要建立起壁垒并不容易，因为餐饮行业门槛本身就不高，但是管理的方式可能会因人而异。

问题二：关于口味、食材、卫生、环境等因素，到底海底捞竞争的优势是综合的比较，还是依赖于某一个因素？

周兆呈：对海底捞来讲，一定是这五个因素都要维持高水准。如果你只在某一个领域追求做到最好的话，是没有办法真正满足顾客的需求的。也曾有人说，“海底捞就是靠服务，服务很好，其实别的没什么”。但其实这种说法是低估了顾客的智慧，哪有顾客会只是为了服务好就去排两三个小时的队吃某一家餐厅，一定是综合的原因。

问题三：进入资本市场后，对营收的增长速度会有一定要求。那么实体店扩张会不会在同一个城市形成自我竞争？翻台率会不会有天花板？面对资本市场，海底捞如何交出一份令人满意的答卷？

周兆呈：第一，资本市场能够协助我们获得更多的资源来拓展业务，但是海底捞还是会坚持自己的目标，坚持自己的节奏，确保海底捞的发展符合股东、投资者以及社会大众的利益，所以它是一个综合平衡的结果。第二，关于在某一个城市的门店布局，其实我们有一个特点，就是不会去设立一个天花板的目标，比如说我们不会一定要达到一个什么样的数量级，或者说什么样的巅峰数值，然后来倒推发展速度，而是会根据市场的实际需求，以及这个市场周边的环境、商圈、客流量，结合自身资源的匹配程度来决定我们的发展速度。

关于会不会形成同店之间的竞争，其实同店之间竞争并不是坏事，因为它能够确保所有的门店在充分市场化的竞争下实现增长。即便我们有意识地避免同店竞争，也避免不了同业的竞争，竞争是常态化的。当然，在这个原则下我们也会避免不必要的竞争。我相信，不管在中国内地还是海外市场，只要市场空间足够大，我们就可以把更多的资源、精力以及更多的配置放在新兴市场上。

问题四：海底捞一旦进入二级市场就会变成一个综合集团，会面临价值转移，那么海底捞接下来对于产业创新和战略投资大概是在什么方向呢？

周兆呈：坚持核心业务，未来几年进行门店拓展还是海底捞的主要发展方向，当然也不排除我们对有些优质的资源完成并购，但重心还是要满足核心业务的发展。所以我们不会变成非常多元化的、琳琅满目的企业组合，还是会始终坚持企业的核心业务。

问题五：刚才您也提到了可以作为一个流量入口，把更多的需求开发出来，这个也是一个新的增长点。但如果把海底捞的关注点放到了供应链的上游或者是其他的一些产品，会不会让海底捞去做一些自己并不是最擅长的事情？

周兆呈：对，人总是要选择，第一是做你擅长的事情，第二是做你觉得对的事情。这两个原则是要兼顾的。第一要做你擅长的事情，在你擅长的领域做你擅长的事情，才能把你的能力、资源、潜力发挥到最大。第二要做你认为对的事情，需要你努力、付出、增长、平衡，判断哪些是你觉得对的事情、哪些是你需要做的事情。所以我想任何企业都要在不同的时期去做相应的判断：什么是你擅长的事情、什么是你觉得对的事情。对企业来说这体现在两个方面：一个是企业发展方向，一个是企业价值观。发展方向是企业发展从未来的战略策略角度出发，解决需要往哪儿走的问题；对的事情指符合企业价值观的事情。

问题六：大家对这个智慧餐厅都很感兴趣，是因为新一代消费者发生了消费行为习惯的改变吗？智慧餐厅是海底捞的未来吗？

周兆呈：年轻一代消费者一直是海底捞注重的人群，智慧餐厅没有固定的模式，也是不能模式化的业态，要根据门店不同需求进行匹配。智慧餐厅是个帽子，核心是在未来的企业运营中借助科技应用来改造、重组甚至是重新打造行业业态，没有一劳永逸、一成不变的模式。

问题七：您为什么选择加入海底捞？为什么您认为这个选择是对的？

周兆呈：对我来讲同样面临这两个选择：第一是做我觉得擅长的事情，第二是做我觉得对的事情。为什么加入海底捞是过去一年我被不断追问的问题，大家疑惑的原因第一是跨界比较大，我是从媒体行业跨到餐饮行业的。第二是专业背景，我该怎么把过去的积累转化到一个新兴的跑道上发挥出来。至于我为什么觉得这是对的事情，主要有两个方面的原因。第一，从做自己觉得擅长的事情的角度来看的话，我没有纯粹把海底捞看成一个餐饮企业，因为我觉得对于海底捞的发展来说，餐饮是它的一个重要的基础，但是在未来，就像我前面分享的，它的价值转移空间其实是符合未来行业融合的方向的。就像马云先生曾经在一个论坛上形容海底捞“当服务员把食材端到海底捞餐桌上的时候这个是服务业，但是端到餐桌之前是制造业”。这些价值转移空间超越了餐饮行业本身的想象空间。对我而言，正好过去二十多年媒体运营管理的经验是我有所擅长并能发挥的，加入海底捞是为了做我擅长的事情。

第二是坚持做对的事情，未来同学们选择职业的时候，要选择跟你的价值观比较契合的企业，你要觉得在这个企业做的是对的事情。海底捞的价值观是“用双手改变命运”，我是非常认同的。因为我们有几万名员工在海底捞的平台上通过自己的努力实现了家人、朋友甚至整个村庄命运的改变，这在我看来是一件很伟大的事情。虽然每个企业都会有贡献，但我觉得在海底捞这样的企业，当肩负几万名员工的责任与梦想时，其实我们可以提供更多更好的服务，在这样的机缘契合下，我选择了加入海底捞。

问题八：作为首席战略官面对的最主要的挑战和任务是什么？

周兆呈：挑战其实天天有。从宏观角度看，是关于海底捞下一步的发展战略，包括国际化的部署、国际化的推动、国内门店业务组织架构的转型等。同时我也要面对很多新的挑战，比如企业规模越来越大，很多管理架构以及平台设置要与时俱进，新技术的运用要能够适应企业的迅速发展。

从微观角度看，因为我每天在处理各种各样的事情，在做各种各样的决策、判断，以及进行相关业务的推动，这些都是日常的挑战。我最关心的当然还是在海底捞整个未来的推动过程中，如何能尽快地也比较准确地找准我们价值转移的方向。

讲座嘉宾简介

周兆呈　海底捞国际控股首席战略官，于 2018 年 4 月加入海底捞，担任集团首席战略官，负责品牌及媒体事务、法律事务、会员运营、战略关系等。曾任东南亚最大的媒体机构——新加坡报业控股集团新兴市场副总裁、联合早报网主编等职，具有丰富的市场运营及媒体管理经验。1998 年赴新加坡，先后就读于新加坡国立大学、南洋理工大学，获硕士和博士学位。他同时也是南洋理工大学南洋公共管理研究生院的兼职副教授。

主持人简介

赵音奇　电视节目制片人、双语主持人，毕业于中国人民大学和美国斯坦福大学商学院。1999 年进入中央电视台参与创办《希望英语》栏目并担任主持人，曾担任《味道》《大真探》《中国诗词大会》等节目的制片人。2017 年离开中央电视台赴美国斯坦福大学进修，获 MSx 管理学硕士学位。

品牌与资本双轮驱动
助力企业发展

衡水老白干的全国化拓展之路

衡水所辖冀州为九州之首。“一方水土养一方人。”这一方的水土，也同样酿出了一坛名为衡水老白干的好酒。“老白干”三个字，也道出这一百年老酒的特质:“老”指其历史悠久;“白”指其清澈透明;“干”有两种含义:一种是指其货真价实，即干货的意思；另一种意为高度酒，燃烧后不留任何水分。衡水老白干酒有着悠久的酿造历史，兴于汉，盛于唐，正式定名于明。老白干的酿造生产在1900年间基本没有间断，并于1915年获得了巴拿马万国博览会甲等金奖。1946年，衡水解放后，党和政府把当时的18家个体酿酒作坊收归国有，成立了中华人民共和国第一家白酒生产企业——冀南行署国营制酒厂。1999年，衡水老白干酿酒集团成立。2002年，河北衡水老白干酒业股份有限公司在上交所上市，该公司是目前中国白酒行业老白干香型中生产规模最大的厂家，开创了中国白酒上市公司中多香型、多品牌、多渠道的先河。

2019年4月23日下午，河北衡水老白干酒业股份有限公司总经理王占刚走进中国传媒大学“企业创业与创新”公开课的课堂，以衡水老白干的全国化拓展历程为主线，分享了衡水老白干构建核心竞争力、进行重新定位和资本运作的过程。

图 1　王占刚在课堂上做精彩分享

精彩分享

打响“衡水”根据地之战

1991 年，白酒品牌纷纷扩展市场，白酒行业历时 10 年的扩产时期终于画上句号，供不应求的状态被打破。衡水老白干集团在成立之初，面临来自竞争品牌的巨大考验：衡水老白干的根据地市场——衡水被浓香型外来品牌丛台酒侵占，“根据地之战”一触即发。2001 年，王占刚接任衡水老白干营销公司总经理时，衡水老白干举步维艰，王占刚与三位副总经常开通宵会议。“不把问题解决不允许散会”成了公司的要求。因此，在当时的会议室，方便面、纯净水是标配。为稳固“根据地”，衡水老白干开始了价格战。针对定价为 16 元的丛台酒，衡水老白干改变了产品定位，打造了售价为 23.5 元的产品——福兴隆。

为规避价格战中可能出现的过度砸价行为，衡水老白干对福兴隆的代理模式进行了革新——从多商代理转为三个经销商代理。同时，衡水老白干在衡水市进行了大规模的路演和地推，在保证了经销商的利益的同时，也进一步在本地提升了品牌知名度。最终，衡水老白干取得了这场战役的胜利。福兴隆在 2001 年中秋节就实现了旺销，当年销售额超过 2,000 万元；到 2002 年，单季度销售额就达到了 4,000 万元。至此，衡水老白干在衡水市场年收入达到 7 亿元，市场占有率达到 85%，牢牢地占据了“根据地”的主导权。

聚焦河北，全省突破

创新渠道模式，站稳石家庄

2002 年至 2012 年，是白酒行业注重渠道的时代。在这个时代，创新渠道模式成了占领市场份额的重要方式。2002 年，衡水老白干在基本完成了对衡水市的强势占领后，提出了“河北为王”的推广策略。为了带动品牌在整个河北省的发展，衡水老白干决定开拓省会市场。有了根据地之战的经验，衡水老白干决定将衡水的策略复制到石家庄。但历经四代产品迭代，从定价 18 至 28 元的水晶十八酒坊，到定价 48 元的蓝宝石十八酒坊，再到定价 68 元的六年十八酒坊，衡水老白干都未在省会市场上掀起波澜，与别家品牌的价格竞争均未见成效。面对原有经验无法见效的难关，衡水老白干决定改变策略，重新规划定价思路。

2006 年，衡水老白干提出以高打低的创新思路，在推出了定价 118 元的产品——八年十八酒坊后，衡水老白干终于迎来了市场转机。以高打低的战略在营销上起到了至关重要的作用：产品价格高，给品牌和渠道运营预留的利润空间较大，既有利于更好地推广产品，也有利于保证企业与经销商双方的利润。并且可以使衡水老白干在消费升级的环境下提前占位，利于品牌后续的发展。

与此同时，衡水老白干也基于战略变化，及时对营销渠道进行了调整。2000 年，泸州老窖把台湾的深度分销模式“酒店盘中盘”导入大陆，而后在行业内被普遍采用。“酒店盘中盘”模式指的是在一个城市布局渠道时，先打通这个城市中最有带动性的几十家龙头酒店，再通过这些酒店撬动消费端。但是衡水老白干在石家庄推广“酒店盘中盘”模式两年的多时间里，效果并不理想。经过调查，衡水老白干发现，在北方很多省份，烟酒店才是消费的主业态，仅单一地撬动酒店渠道是行不通的。于是，针对烟酒店渠道，衡水老白干创新了渠道模式，提出了联营体的概念，搭建起“烟酒店的盘中盘”模式，即衡水老白干通过与部分有政府资源和团购资源的烟酒店进行深度合作，让这些龙头烟酒店成为衡水老白干的战略合作伙伴。2007 年，衡水老白干又推出了“消费者盘中盘”模式，通过撬动消费者中的意见领袖来带动销量。

在采取不同营销模式的同时，衡水老白干也进行了经销商的迭代。原有的经销商很多只注重货品流通，无法完成打通酒店、关注社会公共资源等复合型任务。在经销商的迭代中，许多陪伴衡水老白干多年的经销商也随着衡水老白干的发展获得了成长。

在这场战役中，聚焦是关键。衡水老白干用了 6 年的时间，举全公司之力拓展石家庄市场。成功的模式和不懈的努力使得衡水老白干在石家庄站稳了脚跟，最终取得了成功。这次着陆为衡水老白干在河北省全省的拓展夯实了基础。2008 年，衡水老白干在石家庄的市场份额有了明显的增长。2008 年至今，衡水老白干在石家庄市场每年的销售收入达到 8 亿元，牢牢占据了头把交椅。

坚持拓展之路，实现全省化拓展

在成功占领根据地衡水和省会石家庄这两个金牛市场之后，衡水老白干有了更多的资金支持来进行全省化拓展。同时，探索石家庄市场的过程也让衡水老白干摸索出了一条适合自身发展的道路。首先，战略上要坚定，要坚定独特的老白干香型定位。其次，在模式上通过三次“盘中盘”打开市场。同时通过品鉴会、户外广告以及多种品牌联动的方式进行品牌传播，占领市场。衡水老白干在一套理论模式支撑的前提下，经过测算，得出在河北省内撬动一个地级市场大概需要 600 万元投入的结论。成功的理论和既有经验模式助力了衡水老白干在省内的拓展，也实现了衡水老白干在邢台、邯郸、沧州、廊坊、唐山、保定市场的滚动发展。聚焦突破带动了品牌的全省化拓展，也为后续的发展不断蓄力。随着消费环境的变化，衡水老白干也在积极探索，不断扩展销售版图。

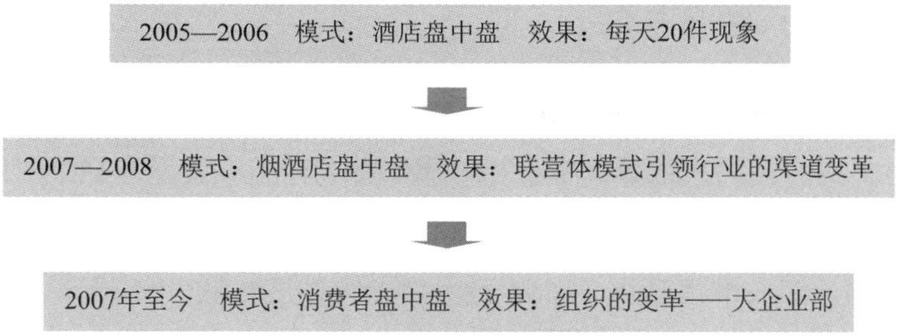

2005—2006　模式：酒店盘中盘　效果：每天20件现象

↓

2007—2008　模式：烟酒店盘中盘　效果：联营体模式引领行业的渠道变革

↓

2007年至今　模式：消费者盘中盘　效果：组织的变革——大企业部

图 2　衡水老白干渠道变革

重新定位，走向全国

2013 年是白酒行业发展的分水岭，国家开始限制“三公消费”，很多白酒企业都在转型，整个白酒行业的发展进入了消费者时代，在品牌重新定位的过程中开始注重消费者的培育。抓住新中产群体，也就抓住了未来的规模化。2001 年至 2012 年，所有的白酒品牌都依靠渠道售卖，但在 2013 年，“塑化剂”事件和限酒令的颁布使得白酒销售出现断崖式下滑，原先单一的渠道优先模式已无法维持企业的生存与发展。2014 年，白酒行业逐渐复苏，而衡水老白干在这一阶段却走得较为缓慢，从 2014 年到 2017 年，营收仅提升了 4.26 亿元，年均复合增长率为 6.32%，远远落后于同期其他企业。面对白酒行业的变化和自身的现状，王占刚在动员大会上说道：“我们这几年慢了，所以我们要反思。”反思之余，衡水老白干开始不断探索，寻找适合自己的发展道路。

经过不断的研讨和实践，衡水老白干发现，销售需要回归品牌。而如何打造品牌、占领消费者心中的哪一部分成为关键。衡水老白干观察到了竞争对手的变化，总结出区域品牌未来的发展方向：第一是泛全国化，第二是做强区域。未来的发展格局一定是品牌全国化，但运营则偏重区域化，因而企业在渠道策略和市场建设上一定要找出自己的利基市场。可以通过以下三点进行突围：第一是做强势品牌；第二是努力发挥优势，做优品类；第三就是进行资本方面的运作，做大规模。基于这些观察和总结，衡水老白干决定强化老白干香型，导入“不上头”定位，抢占消费者心智，发力全国。

优化品类，做强老白干香型

中国作为世界上最大的烈酒市场，白酒总消费量占世界烈酒量消费的三分之一。中国的白酒大致分为清、浓、酱、米4种基本香型和11种细分香型。大清香类酒大多产自黄河以北地区，例如衡水老白干、二锅头和汾酒；浓香型基本产自长江—淮河流域，如洋河、口子窖、五粮液和泸州老窖；酱香型基本产在赤水河流域，如茅台和郎酒。

老白干香型于2004年被正式列入中国白酒第十一大香型，衡水老白干则扛起了老白干香型的大旗，其独特的小麦低温大曲、地缸发酵等技术打造出了老白干独特的香型优势，极大地丰富了中国白酒的多样性。尽管老白干香型是一个独立的香型，但是相较于其他的香型，其市场份额和影响力却不可同日而语。作为这一香型的代言人，衡水老白干需要通过一定的途径提高老白干香型的市场份额和影响力。因为随着老白干香型市场的培育和发展，衡水老白干无疑将是最大的受益者。

因此，衡水老白干不断改进香型，推动树立了国家标准，并获得了河北省科学技术进步二等奖。同时，衡水老白干邀请创新团队和国家级评委对产品进行不断改进。衡水老白干还成立了院士工作站，在智能制造方面建设了智能化包装中心，致力于做优老白干品类，努力发挥品类优势。

重新定位，“不上头”提高产品竞争力

当人们提起衡水老白干，总是会想起那句经典的“衡水老白干，喝出男人味”，这句广告语使用了近10年。在这个时期，衡水老白干以电视媒体为主要媒介，以“知己的味道、父亲的味道、领袖的味道，衡水老白干，喝出男人味”的广告语，锁定《新闻联播》前的黄金时段和央视《新闻30分》的独家特约权，通过大规模传播而被大家熟知。2011年，衡水老白干为增加品牌内涵，在广告中添加了“行多久，方为执着；思多久，方为远见，时间给了男人味道”的新元素，而“喝出男人味”的广告诉求则一直被沿用。

在从渠道到品牌的转型过程中，衡水老白干以消费者模式重新审视市场，发现原有广告语“喝出男人味”不足以支撑起老白干泛全国化和高端化

的诉求。2018 年，衡水老白干与咨询公司合作，导入定位理论。在进行定位时，衡水老白干的优势界定原则有以下几点：第一，产品要具备支撑；第二，产品要符合顾客认知；第三，产品要契合河北市场；第四，产品要匹配，进而发力全国。

基于这四个原则，衡水老白干选取了三个特点进行定位分析：

特点一，“高度”。这一定位有两个优势：第一是相较酱香型和浓香型白酒，衡水老白干在酿造工艺、酒体成分上具备高度优势，67° 的白酒是超高度白酒的典型代表；第二是在 2012 年的市场调研中，大部分顾客认为老白干是高度白酒，具备一定的市场认知度。但这个定位也存在两个问题：首先，河北市场主销低度白酒，而“高度”定位不利于夯实现有市场。其次，全国各大市场对高低度白酒需求不一，衡水老白干主打高度白酒这一优势，易造成取高舍低、做小份额的结果。

特点二，“低度”。这一定位中，有产品支撑并契合河北市场，但违背了顾客的认知，不利于发力全国。

特点三，“不上头”。老白干香型白酒的一大特点就是不上头。衡水老白干不上头的原因，主要是因为其小分子酒的特性。同时，传承千年的地缸酿造技艺可以使发酵的原料和土壤隔绝，因而引起人饮酒后不适症状的杂醇油含量较少。这一定位不违背上述四点原则，同时具备以下五大战略特点：第一，有利于建立好酒认知度。消费者认为不上头的白酒是好酒，因而衡水老白干可借力消费者的常识，建立“老白干是好酒”的认知。第二，直击消费者痛点，据《2016 年中国白酒白皮书》报道，八成饮酒者都体验过酒后不适，其中第二天头晕占比最高，为 56.9%。喝酒上头为消费者酒后的最大痛点。市场调研发现，消费者普遍担心因酒后上头而影响第二天的状态。第三，激活老客户口碑。衡水老白干及十八酒坊已累积了大量忠实消费者，“不上头”既能顺应消费者认知，又可激活老客户口碑。第四，彰显竞争优势。消费者认知中尚无明确品牌代表“不上头”，因此衡水老白干率先发力，着眼用户“不上头”的独特诉求，以期在消费者心中抢占先机，增强品牌竞争力，与名酒普遍诉求地位、历史、口感形成差异化优势。第五，顺应需求趋势。随着人们工作节奏加快、商务宴请频繁、健康意识提升，消费者越来越重视健康饮酒、关注“不上头”的饮后体验。消费者诉求白酒“不上头”的优势价值，有助于老白干顺应趋势成为主流香型。

根据以上原则筛选后，“喝老白干不上头”最终成为衡水老白干新的战略定位。其背后不仅体现了衡水老白干的品质自信，还持续构筑了品质驱动下的名酒品牌成长路径，强化了对消费者的深度培育。

调整策略，打造战略配称体系

根据新定位，衡水老白干建立起了战略配称体系，包括产品、渠道、公关、广告、地推、信任状、组织和考核八个方面。

在产品方面，衡水老白干顺应消费升级趋势，打造高端产品“衡水老白干 1915”和次高端产品“20 年十八酒坊”。当下中国白酒行业呈现以下三个特点：第一，强者恒强，马太效应凸显，品牌集中度越来越高。第二，高端化。新中产阶级的兴起带来了高端和次高端白酒的发展。尤其是 300 元—500 元价位段的白酒，每年销量增幅都在 20% 以上。因此，如何抓好次高端白酒建设是每一个品牌发展的重中之重。第三，品类特色优化。因为白酒同质化程度较严重，不同品牌要找出自己的独特优势才能成功突围。

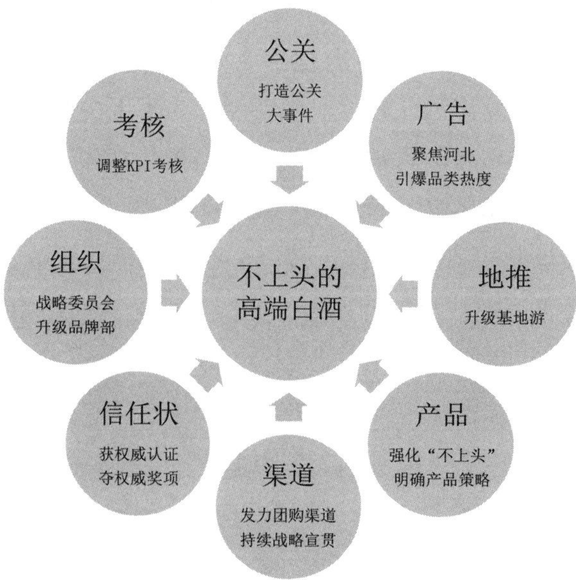

图 3　衡水老白干“不上头”定位战略配称体系

在公关方面，衡水老白干根据产品和定位进行了一系列配套的品牌背书与宣传，如赠酒活动等。2019 年 3 月 28 日上午，台湾高雄市长韩国瑜访问大陆，会见河北省冀台经济贸易促进会会长赵洪涛及河北企业代表，衡水老白干 1915 被作为礼品赠送给了韩国瑜，引起了行业内外的关注。[①] 再如衡水老白干与哈佛大学医学院进行了“老白干不上头”的相关研究合作，保证了产品品质。为了加强与消费者和企业的沟通与互动，衡水老白干还开展了名酒明星演唱会和品牌会销等活动，将品牌根植于消费者的日常生活中，与其形成互动。

地推方面，衡水老白干抓住“工业生态”“体验营销”和“消费者体验”三个关键词，升级厂区，打造基地游。厂区在 2017 年被评为 3A 级景区。传播方面，以央视为核心发力点，突出老白干香型的重要价值，同时进行新媒体营销，发力 PC 端及移动端视频、社交和新闻类媒体，与大热 IP 进行合作，如十八酒坊冠名了电视剧《人民的名义》等。

信任状方面，2018 年，衡水老白干获得美国拉斯维加斯烈酒双金奖，以权威认证获取了消费者的信赖，同时在企业内部进行了组织考核相应的升级调整。

“不上头”的定位导入之后，衡水老白干的利润持续增长，2016 年、2017 年同比增长均超过 40%，2018 年净利润同比增长 113%。品牌价值也在逐年增长，2018 年品牌价值达到 162.01 亿元。

资本助力，实现价值提升

2012 年至 2015 年，白酒行业进入深度调整期，行业发展出现分化。强势品牌利用自己的品牌优势、资本优势和不断提升的产品价格积蓄了更多的能量来“攻城略地”，扩大自己的市场份额。战略、机制、分配体制、赢利模式和经销商模式的创新，在企业发展过程中尤为重要。衡水老白干在走向

① 云酒头条.韩国瑜首次“登陆”会老友，衡水老白干 1915 见证血脉相连两岸情/云酒观察［EB/OL］.（2019-03-29）［2019-04-05］. https：//mp.weixin.qq.com/s？ src=11×tamp=1559381135&ver=1642&signature=8lMp5Iv8*XyFlTZpBWBhtU8qQ7zDLjF3Hof9vbKYYLS-G7fTBiivRxjwb8LJxb5Lp87kwg4UDee5PlZ5VBTeU9Po4S21ac36H3m-J1SqHfFUs0Mbnggyu4CO-CKSNf9f&new=1.

全国的过程中进行了两轮资本创新，增强了运作全国市场的能力，拓展了资源。

混合所有制改革为企业注入新鲜血液

白酒企业引入战略投资者走混合所有制改革之路是近些年的趋势，注入新鲜血液有助于改善企业机制和提升企业执行力。高管利益、股东利益、经销商利益都捆绑在一起后，企业才能发挥各方优势，才能有更长远的发展。衡水老白干抓住了这一机遇，顺势而动，迈出了资本运作的第一步。

2013 年，衡水老白干进行了混合所有制改革，开始定向增发，改革对象包括战略投资计划、经销商持股计划和员工持股计划。衡水老白干是白酒行业内第一家实行混合所有制的企业。混合所有制改革可以有效地将股东利益、经销商利益、员工利益甚至战略投资者利益捆绑在一起，对企业的发展有很大的推动作用。衡水老白干随后收获了三个涨停板。

从衡水老白干的二级市场表现来看，投资者对于衡水老白干的混合所有制改革较为认可。正如衡水老白干自己所言：此次引入投资者及优秀经销商，可以提升公司的资本实力，进一步优化产品质量并提升营销理念，借助与优秀经销商的合作强化公司品牌运作，强化公司全国营销网络的市场推广能力，以此加强和深化公司与行业各类资源的合作关系，多渠道、多手段地提升公司的市场竞争力。

并购丰联酒业，实现“一树三香”

资本运作的第二步跨越，是并购丰联酒业旗下的四大酒企。2018 年，经过多轮价格谈判，衡水老白干以 13.99 亿元的价格收购了丰联酒业旗下的四家企业：承德乾隆醉酒业、山东孔府家酒业、安徽文王酒业和湖南武陵酒业。至此，衡水老白干正式迈入白酒企业跨省资本并购阵营。

近年来，随着衡水老白干业务的发展，其生产规模和销售收入已位居河北省第一，在华北地区具有较高的知名度和市场占有率，但在冀北、冀中地区仍面临激烈竞争。而衡水老白干最主要的竞争对手，也就是在省会之战中的老朋友——承德乾隆醉。双方的主要市场都在河北省省内，承德乾隆醉生产的浓香型板城烧锅酒，在冀北、冀中市场具有较高的品牌认知度和良好的群众消费基础。衡水老白干通过整合河北省内最强劲的对手——承德乾隆醉，使双方的合作迸发出协同效应，于管理和营销上实现了优势互补，加强了对销售渠道的掌控，提升了河北省内的市场占有率。

而除了承德乾隆醉之外，衡水老白干收购的其他三家酒企分别是安徽、湖南、山东的当地知名品牌，这三家酒企各具特点。完成收购后，衡水老白干的产品从原先的以老白干香型为主扩充为包括浓香型、酱香型等在内的多种香型品类，而且公司不断学习其他三家酒企在生产管理和研究开发中的经验，借鉴这些经验并吸收利用。同时，衡水老白干借助其他三家酒企的销售渠道，开拓了老白干系列酒在河北省以外的市场，逐步提升了其在全国的影响力。

至此，衡水老白干实现了老白干香型、浓香型、酱香型“一树三香”和衡水老白干、文王贡酒、板城烧锅酒、武陵酒、孔府家酒“五花齐放”的局面。

通过并购这几家企业，衡水老白干既扩展了全国化布局，又夯实了河北本地市场。通过并购河北第二大酒厂，衡水老白干既可以发挥“1+1”效应，进行香型和区域的互补，又可以进行管理模式和营销模式的互补。丰联的企业管理优势与衡水老白干白酒内在逻辑认知的优势相加，可以达到 1+1 ＞ 2 的效果。

经过两轮资本运作，衡水老白干作为一家拥有五家企业、三大香型的现代化上市公司，为国家、企业员工、经销商都实现了价值最大化。

王占刚认为，有些人因为看见而相信，而很多企业家其实是因为相信而看见。岁月沧桑，商海沉浮，在激烈的白酒竞争市场上，衡水老白干经历过困境与考验，也曾黯淡无光、风光不再。在行业变革中，衡水老白干传承优良的名酒基因，经过不断努力，从渠道转型到品牌再定位，抓好次高端建设，完成了品牌建设，重获新生。我们有理由相信，走出河北、走向全国的衡水老白干，今后也将作为不断强大的中国文化名片走向世界，拥有一个美好的未来。

课堂访谈

图 4　王占刚对话张东

问题一：老白干 1915 的定价是 1,688 元，而茅台在 1,500 元左右，在宴请的时候消费者为什么要多花 100 块去买衡水老白干，而不选择茅台呢?

王占刚：我觉得从品牌来讲，中国白酒品牌也有一个演变，比如说 2000 年之前，做得最好的白酒品牌是酒鬼酒，当时它产品的价格是 180 块钱，2000 年之后，泸州老窖推出了国窖 1573，是当时最高端的白酒。其实中国白酒行业的发展过程就是一个品牌定位的过程。白酒行业的发展一定要顺应消费者的需求，企业需要注重与消费者的联系：第一，是否占领了消费者独特的心智；第二，是否通过独特的沟通过程把自己的品质和消费主张灌输给了消费者，是否和消费者进行了良好的沟通。我觉得没有什么是一成不变的，不会有谁永远是第一。

问题二：高度酒品牌经过了多年的发展，已成为很多宴会的首选，那么您认为低度酒应该如何发展自身品牌？品牌的成长大概需要多少长时间？

王占刚：白酒行业已经进入一个品牌集中度越来越高的阶段，如果一个白酒企业之前一直在做渠道，我觉得现在它应该做品牌和与消费者的深度沟通。品牌很强的企业补渠道的短板是很快的，但是渠道很强的企业补品牌短板是比较困难的，毕竟罗马不是一天建成的，品牌建设肯定是一个漫长的过程。

问题三：衡水老白干在做了资本的调整以后，又收购了包括浓香型和酱香型白酒的四个酒厂。既然您提到要重点做老白干香型这一垂直的品类，您将如何处理这与多香型发展的关系呢？

王占刚：我们说做大老白干香型，是指在老白干上市公司本部，在其他的企业还是会保留原有的品牌，因为原有品牌有和地方的契合度较高，我们会保留其他企业独立的香型和品牌。实际上，白酒对气候、微生物条件、水的要求是很严格的，所以说肯定是做独立的品牌。我们提出来通过资本打造中国的白酒行业，就是要把有历史文化的、有品质保证且香型独特的，或者说有文化底蕴的一些品牌发展起来。

问题四：目前年轻人逐渐成为酒类消费主力军，想问一下衡水老白干有没有考虑布局年轻人的消费市场？

王占刚：第一，白酒行业有它自己旺盛的生命力。准确地讲，几年前在白酒界有一个争论，就是 80 后喝不喝白酒。其实现在 80 后中年龄最大的已经 39 岁，他们已经逐渐成为社会的中坚力量。我觉得 90 后、00 后在未来也都会走向社会，成为社会和家庭的一分子，会与父母、朋友在饭桌上沟通和交流。我觉得白酒文化是中国餐饮文化不可或缺的一部分，也是白酒行业生命力的重要来源。

第二，衡水老白干肯定也要根据消费趋向年轻化的需求开发新的产品，实际上我们也在研究消费者的变化。面对年轻人，白酒第一需要调整的是口感，也就是入口舒适度的问题。最近我们也在推出一款产品，叫瑰丽日记，是用玫瑰花、枸杞和山楂萃取出来的一款酒，是专门为女士开发的。

问题五：衡水老白干全线产品提价的原因和动机是什么？

王占刚：第一，市场要认可。很多产品表面提价，通路上不去，反倒把经销商的利润和通路的利润变小了，所以首先市场肯定要认可这个产品和品牌。第二，新中产阶级是一个庞大的消费群体，针对这一群体，我们的产品也在不断调整，以求跟上消费者的需求变化。当然更重要的一点我觉得是品质，我们提价的背后也代表着品质的提升。

讲座嘉宾简介

王占刚　现任河北衡水老白干酒业股份有限公司总经理，北京大学工商管理硕士。1995 年进入衡水老白干工作至今，作为先行官和引领者，他带领衡水老白干从地方品牌发展为全国知名品牌，令公司销售收入实现了历史性飞跃。王占刚先后获得全国轻工行业“劳动模范”、“中国企业品牌创新领军人物”、“中国酒业重构期领军人物”、中国酒业年度贡献人物、“河北青年五四奖章”、河北“百名青年风尚人物”等荣誉称号。

主持人简介

张东　现任央广广告副总经理，曾任中央人民广播电台音乐之声副总监、中央人民广播电台工会主席；全国播音主持“金话筒”、“全国五一劳动奖章”及“五个一工程”等荣誉获得者。开创并主持过央广《中国 TOP 排行榜》《晚报浏览》、央视《中国财经报道》《天天饮食》、北京电视台《食全食美》《上菜》《幸福厨房》、江苏卫视《当红不让》等节目，曾担任《快乐男声》、“中国金唱片奖”等各类流行音乐及美食节目评委。

营销新说 经营真善美

古井贡酒的大营销思维

"凡有井水处，皆能歌柳词。"这是南宋叶梦得在《避暑录话》中对北宋著名词人柳永的评价，意思为：经常能听到有人在市井中吟唱柳永的词，这说明柳永的词贴近市民生活，深受市民的喜爱。在群星璀璨的北宋文坛上，柳永是那抹耀眼星光般的存在。千年后的今日，提及白酒，就不得不提及中国白酒企业的一面旗帜——古井贡酒。借用叶梦得的古语来形容当今古井贡酒的发展，亦无不可——"凡有井水处，皆饮古井贡。"

三月是桃花春曲，五月是曲落成酒。

2019年5月21日，安徽古井集团董事长梁金辉先生来到中国传媒大学"企业创业与创新"公开课的课堂，基于"大营销思维"，诠释了老牌酒企业如何在新时代实现品牌突围，完成了五年经营额从50亿元到100亿元的史诗级跨越。

图1　梁金辉在课堂上做精彩分享

精彩分享

出众而非大众的“大营销思维”

梁金辉坦言自己为征战酒企30年的“老兵”，并分享了多年来与众不同的营销观。“说到营销，各种理解都有，但我的理解是当今新品爆品不断出现，互联网的日新月异使得概念迭出，环境在变，但营销的本质却没有变。作为营销人应不忘初心，牢记使命。”

营销的本质

“营”就是营利，对企业而言即安营扎寨、建立工厂、生产产品，做到品质优先。没有产品，企业就是无水之源，营销也就失去了载体，与消费者沟通将沦为纸上谈兵，所以首先要理解“营”的概念。

其次需要理解“销”的含义。“销”的宗旨为研究如何将产品进行销售，做到品牌优先。涉及产品销售，第一步就需要明确渠道，要进行包括价格、消费者、购买方式等多方面的定位，最后一步则为传播推广。**所以营销的初衷与真谛还是“4P”，即产品、价格、传播和渠道，万变不离其宗，把握营销的灵魂与主体是古井贡酒成功的要义**。

梁金辉将营销的本质推导为“三九论”，即“三品论”和“九板论”，“三品”为“品质、品牌、品行”，“九板”为“前三板销售、中三板管理、后三板质量”。

三品理论——品质、品牌、品行

企业需要向消费者传递优质产品的特性，因为产品是消费者可以看得到、购买得到的，是为消费者直接带来利益和附加体验的。

而品牌的功能是带给消费者更多的心理沟通。可口可乐前董事长伍德鲁夫曾说过：“假如我的工厂被大火毁灭，假如遭遇世界金融风暴，但只要有可口可乐的品牌，第二天我将重新站起来。”当产品陷入同质化的竞争时，驱动消费者进行消费的正是品牌价值。无论消费者选择网络还是实体店铺购物，品牌认知早已在消费者心中完成，进而促成了购买行为。

品行指的是企业的价值观，梁金辉提出的以“忠诚、贡献、共享”为特征的“正字文化”被牢牢地贯彻于古井集团的员工品行之中。“正字文化”既是东方思想的总结和升华，同样也是企业对责任感和使命感的追求。

九板论——销售、管理、质量

九板论的前三板即推广销售，指通过企业的营销，促成消费者对产品的体验、尝试与购买。

无论何种营销方式为，消费者对产品的体验最终都会回归到对品质的追求上，所以对产品质量的把控极为重要，后三板则强调对产品质量的把控。产品如若没有质量，对产品的推广力度越大，其反噬作用也会越大。全国政协委员、哈萨克族作家艾克拜尔·米吉提就曾对古井贡酒的质量给予认可，他认为“古井一直把质量放在首位，把消费者放在首位，所以古井赢得了人心，赢得了市场”[①]。

中三板则靠管理，其中包括企业的组织架构、制度架构、流程管理、质量体系等，企业内部考核等全套管理逻辑也不能忽略，这往往是众多企业在发展中较为脆弱的一环。

梁金辉总结道：“营销是一个大概念，是一个体系，更是一种价值观。营销绝对不是一种单一的行为，凡是单一的营销行为，都是不长远的。”

“大营销思维”的阶段论

梁金辉将营销比作追梦，他概括出营销的四阶段：苦力营销、故事营销、概念营销和战略营销。

企业在创始阶段普遍采用卖产品靠腿走、做广告靠吆喝的营销方式。但这种营销模式昨天有，今天有，未来也会有。互联网时代并没有淘汰苦力营销，反而将重心转向产品的设计、推广创意等环节，这要求企业耗尽心血，踏实付出，并且毫不惜力。

① 新浪网.古井贡酒品质标杆广受好评［EB/OL］(2014-07-25)［2019-04-13］.http：//vic.sina.com.cn/news/27/2014/ 0725/58544.html.

在企业的成长阶段，故事营销也是常态，一个好的营销就是讲一个好的故事。洗发水、牙膏、包括药品等各类品牌都有自己独特的故事。如 Zippo 是世界排名第一的打火机制造商，至今没有任何打火机生产厂商能够撼动其霸主地位，这除了归功于其过硬的质量和出色的防伪设计以外，品牌的故事营销也为其夯实了基础。[①] 故事营销可以是企业自身的故事，也可以是产品的故事，更可以是企业家创业的故事。古井贡酒也有自己悠久的故事，据北魏贾思勰《齐民要术》记载，公元 196 年，曹操将自己家乡的九酝春酒及酿酒之法贡献给汉献帝刘协，而这也是关于我国酿酒方法最早的文字记载，因此成了古井贡酒的历史源头。明朝万历年间，当时的皇帝明神宗喝了古井酒之后大加赞赏，从此古井酒便获得了贡酒的美称，并且在日后的明清数百年间一直作为皇室贡品而存在，这就是古井“贡酒”名扬天下的历史渊源。

概念营销是指将一种观念注入消费者的意识中，赋予企业或产品以丰富的内涵与定位，并唤起消费者的关注与认同，最终引起消费者的共鸣，进而萌发产品需求的一种营销策略或观念。概念营销不断给品牌注入活力，使之与时代同步、与世界同行，抢占不同的热点和焦点，让品牌更具生命力、持续力、鲜活力和被理解力、被购买力。

第四个阶段为战略营销阶段，即系统营销阶段，该阶段遵循市场导向的战略发展过程，考虑不断变化的经营环境，不断传送令顾客满意的要求，会先从顶层设计入手。营销关照的不再是简单的营与销，也不是营销组合，而是提升为对企业整个价值行为体系的关照。

企业在不同阶段有不同的营销选项，这四类营销模式有交叉并行的，也有单点突破的。按照马斯洛的需求层次论，人的最高需求是实现自我价值的需求，对营销而言，梁金辉总结为**“营销的最高境界就是追梦”**。人在不同

---

① 1960年，一位渔夫在美国奥尼达湖中捕到了一条重达18磅的大鱼。在清理内脏的时候，他发现一只闪闪发光的 Zippo 打火机赫然待在鱼的胃里，打火机崭新如故且完好如初。在越南战场上的一次攻击中，美军士兵安东尼在越南军炮火的攻击下，左胸口受到枪击，子弹正中左胸口袋的 Zippo 打火机，机身一处被撞凹了，却保住了安东尼的生命。1974 年 10 月 1 日，一名叫丹尼尔的飞行员驾机飞离旧金山机场不久，发现飞机的引擎油门不顺，不得已只好紧急迫降，而他正是利用 Zippo 打火机的火焰发出求救信号，并以火焰引导海岸警备队的直升机迅速发现其迫降位置而安全获救的。Zippo 的故事营销大获成功，得到了广泛流传。

的人生阶段有不同的梦想，企业本身也要有梦想：要为消费者提供怎样的优质产品？要为员工创造怎样的福祉？要为社会创造怎样的价值？同时消费者也有其自身的梦想：我要买什么？我需要什么样的产品来满足心理需求、面子需求甚至社交礼品需求等？

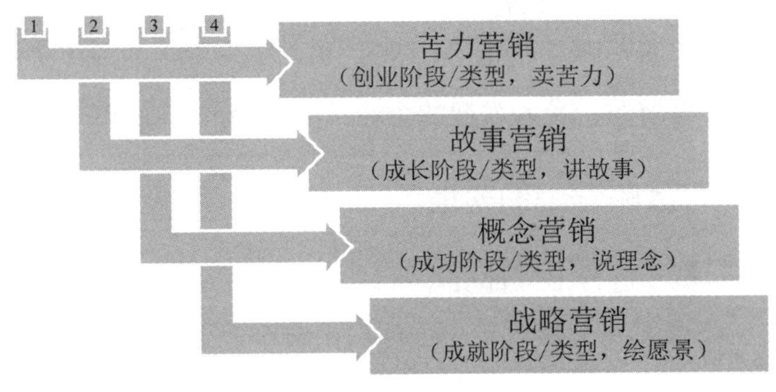

图 2　营销四阶段

贯彻“大营销思维”，布局“真善美”战略营销

对营销的理解，决定了梁金辉如何运作古井集团并酝酿产品售卖方式。古井在营销阶段论中采用了“真善美”的战略营销模式，这是基于古井贡酒的历史背景、时代背景以及企业的价值取向而做出的选择。

古井贡酒的“真善美”战略思维

从选择营销模式开始切入古井贡酒的发展问题，梁金辉选择了战略营销的道路。“我深深地体会到，营销一个企业绝对不是销售老总一个人的事，而是关乎一把手的灵魂、一把手的判断，和一把手的战略。”于是古井贡酒以举高打低、顶层设计、筑牢根基为切入点，不仅使企业焕发了青春活力，更是将企业的核心价值观“做真人、酿美酒、善其身、济天下”牢牢根植于企业战略之中。

“真”——做人之道：实事求是，按规矩办事。坚决反对大糠大水，坚持自然发酵；坚决反对添加任何外来物质，坚持纯粮食酿造；坚决反对虚假数字，坚持实事求是。

"善"——善其身：敦促企业员工管好自己、爱自己，从生活、工作、学习等方方面面守住底线，坚持理想信念，在不断改造客观世界的过程中改造主观世界，完善并提高自我。这些已成为古井人的基本操守。

"美"——酿美酒：回归主业，聚焦主业，认真产好每一滴酒，认真管好每一滴酒，认真卖好每一瓶酒，才是古井贡酒的立业之道。继而济天下——承担社会责任：为社会创造价值，为员工谋福祉，为股东创造价值，建立一个友好的、受人尊敬的、受人欢迎的企业，向社会展示企业的价值取向。

"真善美"战略营销的落地

古井贡酒对员工进行了"神质""行质""气质"三方面的内化。

"神质"，要求古井人做政治上的明白人、事业上的老实人、生活上的朴素人。政治也存在于我们的日常生活中，包括待人接物、迎来送往、尊重上级、爱护下级、对客户友好、诚实守信等；事业上的老实人，要求古井人实事求是，不说空话、不说假话、不说套话，做一个实实在在对事业负责的、有责任心的人；生活上的朴素人，要求古井人衣着不一定是名牌，但一定得干净得体，言谈举止要有礼有节，饮食不必山珍海味，但要健康营养。

"行质"，要求古井人做到"人人是古井品牌，人人是古井形象，人人是古井榜样"。每一个员工都代表着古井的品牌与形象，古井人要做到与人友好相处、亲切和善、尊老爱幼、和睦邻里、团结同事等。古井人要争做古井的榜样，工匠精神是企业最难能可贵的榜样力量。

古井贡酒的"气质"，即坚守承诺，筑牢"中华第一贡"的招牌，并将其运用到实践中。古井人在制订每一个岗位的行动规划和计划的同时要行动迅速，因为当今时代已不是小鱼吃大鱼的时代，而是快鱼吃慢鱼的时代，包括沟通和执行在内的各个过程，都讲求快速落地。

推动企业向感恩型、学习型、创新型三大模式转型。

何谓感恩型？古井贡酒造了曹操像，因为他是中华第一贡的创始人，是古井贡酒的"第一任 CEO"。同时，古井贡酒还为第一任厂长聂广荣塑像，因为没有聂广荣就没有古井贡酒，古井贡酒还成立了聂广荣基金，传承其工匠精神。此外，古井贡酒还建立了全国第一家党建企业文化馆，因为没有共产党就没有新中国。

学习型即强调跨界学习，古井贡酒向互联网公司等其他表现优秀的企业全面学习，派遣员工赴日本、韩国、德国、美国学习。除了跨行学习，古井贡酒也注重加强与同行的交流，主动向各白酒厂家学习，向大师乞智，并开设了“古井大讲堂”等。

古井贡酒还努力向创新型企业转型，率先推出了“中国白酒 5.0 时代”的营销观念，构建了前端引流、中端体验、末端结算的闭环营销体系，建立了内部四大平台（制造业平台、实业平台、金融平台、文旅平台），打造了四大中心（呼叫中心、采购中心、物流中心和数据中心）等。

顶层战略设计要深入人心，就必须贯通理念。首先，古井人的特质，即神质、行质、气质纵贯其中；其次，员工要在各个管理岗位和管理平台上，包括日常的行为上体现出企业的顶层战略设计；最后，要形成企业文化和氛围，让员工从内心认同顶层战略设计，外在表现做到自然流露、知行合一。

打造差异化的营销传播体系

产品的差异化落地

顶层设计与行动趋向最重要的根基还是实体产品的承接，此三者合并，才能带来企业的长足发展。面对过去营销的“三多”（产品多、条码多、产销问题多）和“三不”（消费者不知道买什么、经销商不知道卖什么、销售人员不知道推什么）问题，梁金辉大刀阔斧地实行革新，采取了差异化战略。

概念差异：年份+原浆，白酒最好品质的标志

古井贡酒是第一个提出降价策略的中国白酒企业，降价使得其产品纷纷落户寻常百姓家，迅速获得了市场认可，占据了中国白酒行业第二位的交椅。紧接着，古井贡酒采用“年份＋原浆”的自主标准叫法，打破了白酒行业单一年份叫法的标准定位，[①] 为自身差异化找到了独特的传播点。

① 以 5 的倍数命名，如 5 年陈酿、10 年陈酿、15 年陈酿等。

年份差异：采取8年、16年、26年的区别叫法

更易引起消费者关注度与记忆度是古井贡酒打破酒品整年叫法的重要原因，且此类命名标准不追求噱头，真正体现了原浆酒的制作年份，如产品“古 26”代表了该类酒的酿造年份比 20 年多 6 年又不到 30 年，还原了古井人的“真”。

色彩差异：棕色→深棕色→黑色

消费升级时代，白酒消费如何体现尊贵与价值？梁金辉认为“必须来一个破坏性的思维和创新”。于是他说服了团队，将包装色彩严格按照年份区隔，年份越久的产品外包装颜色越深。“年份原浆一个比一个黑、一个比一个窖藏时间长、一个比一个味道厚。”

包装差异：玻璃喷涂，风格古朴、大方、稳健，环保健康，陶瓶不含铅的专利

古井贡酒将产品的视觉形象进行了整体统一，瓶盖似官帽，瓶身似玉玺，瓶身下半部采用极具中华精神的龙图腾，全瓶采用玉玺的制作理念，是身份和地位的象征。

图 3　古井贡酒年份原浆包装示意

品牌年轻化的举措

古井贡酒也尝试将品牌年轻化，但目前没有主力的替代产品。虽然人生不到一个阶段不会喝白酒是事实，但年轻人不饮白酒却是一种伪命题，年轻群体对于时尚产品的追求是阶段性的，白酒的购买表现其实也象征着人生不同阶段的表现，所以古井贡酒的决策取决于以上认知。首先，古井贡酒追求专业、专注，聚焦核心战略产品——年份原浆，形成了品牌的定力，树立了品牌的自信。其次，针对年轻的消费群体，古井贡酒推出了时尚白酒单品，比如“小罍子”，该酒主要靠电商渠道销售，在线下并未开启售卖。最后，针对消费者的性别，古井贡酒推出了“37℃ 亳菊”系列养生酒，此产品是公司与地域文化的结合，因为亳州不但是酿酒之乡，还是中药材之乡，搭配亳州的菊花、槐米、桑葚和地道的药材配置而成的“37℃+ 亳菊”系列专供男士饮用，“37℃- 亳菊”系列则专供女士饮用。

八大卖点，传播年份原浆杰出品质

当其他酒类强调一大卖点时，古井贡酒率先提出了自己的八大卖点，因为梁金辉认为八个卖点总有一个能够深入消费者内心。这八大卖点中包含了产品的三个之最与五大特点。

古井贡酒的酿法是中国白酒历史上有文字记载的最完整的一种酿酒方法，采用了中国最老的古井——北魏井的水，发酵于中国最老的明代窖池群。

古井贡酒的五大卖点分别为：桃花春曲——“曲为酒中骨”，只有用在春天最好的桃花时节（空气温湿、微生物活动均优良）做的春曲，才能酿出最好的酒；原酒窖藏——年份原浆在地窖恒温窖藏多年，使其自然老熟，赋予其陈香，进而香气自然完美，达到纯自然的协调；原生态的环境——依托良好的地理位置环境，古井贡酒也因此获得国家首批“三绿工程”畅销品牌称号；精选纯酿——古井贡酒的酿酒原料是亳州当地的小麦，颗粒饱满、糯性强，特别适合制曲；高科技赋能——集团目前已有博士、博士后工作站，在北京工商大学、江南大学、中国科技大学、合肥工业大学等高校建立了产学研实验基地，科研人员达 1,000 多名，在保留原有的风味成分的基础上，实验基地对古井贡酒健康因子的提炼达到了极致。

聚焦渠道战略，打造“三通工程”

产品、卖点相继确立定位后，古井贡酒开始关注渠道的开发。聚焦也是企业的战略之举，因为古井贡酒当年在恢复期时曾狠抓主业发展，忽略了渠道开发，所以现在想要突破现状，就必须聚焦渠道。

古井贡酒在渠道上提出了“三通工程”，即店店通、路路通、人人通。随着生活节奏变快，现今人们重要的生活成本就是时间成本，无论是在实体店购买商品还是网络购物，店店通和路路通强调的都是渠道的铺展，而人人通强调的则是人与人之间的口碑作用与关系互联。

彰显品牌荣耀的传播举措

大事件传播提升品牌格调

互联网和手机对消费者的影响越来越大，但高端资源型传播平台还处于稀缺状态，于是古井贡酒对标央视及省市头部卫视，2016 年至 2019 年连续四年拿下了中央电视台春节联欢晚会、中央电视台元宵节晚会、安徽电视台春节联欢晚会三台晚会的特约播出权，借助中央电视台这类国家平台和本地头部媒体发出品牌最强音，向全球华人送上新春祝福，使“过大年、喝古井、看春晚”成为新的年俗。

继携手 2010 上海世博会、2012 韩国丽水世博会、2015 意大利米兰世博会后，古井贡酒又成功携手 2017 年哈萨克斯坦阿斯塔纳世博会，成为其官方合作品牌，向全世界展示了以古井贡酒为代表的中国白酒的灿烂文化，绽放出了大国品牌的风采。古井贡酒代表国礼，2017 年、2018 年连续两届成为上海合作组织的指定用酒。

古井贡美酒走向国际化

白酒是中国优秀文化的代表之一，酒能化干戈为玉帛，它象征着文化共融、文化包容、文化亲善，所以古井贡酒怀揣着文化自信，走上了国际化的道路。在国内外的重大外事活动中，古井贡酒年份原浆频频亮相，它象征着国礼，被用来招待国内外政要及贵宾。2018 年，古井贡酒相继成为上海合作组织峰会、二十国集团峰会、联合国世界地理信息大会等重大国际活动的指定用酒。中国的白酒企业在国际化的道路上一定要抱团取暖，合体出海，为民族品牌发声，为传播优秀的民族品质承担起应有的责任。

古井贡酒的营销过程其实就是追梦的过程，这个梦里包含了企业自身的发展之梦，包含了企业要为社会创造价值、要为消费者提供价值、要为员工带来福祉的梦……营销的最终目的是圆梦，圆了消费者的需求梦、圆了企业家的价值梦、圆了社会的共融梦！

人生有三件事不能等：孝顺不能等，行善不能等，健康也不能等。所以，携一提古井贡酒，去看望许久未见的长辈们吧！曲作衾裳池作枕床，换来美酒宴客尝。

课堂访谈

图 4　梁金辉对话赵音奇、连进

问题一：能不能简单地和大家透露一下，什么样的白酒才是好白酒？

梁金辉：应该说中国的白酒有十三大香型，浓香、酱香、清香、药香、奇香等，白酒真的是当地一种文化的结晶和再造。首先它所处的地理环境，包括水系、湿度、温度等独具特色，其次老祖宗传承下的工艺、发酵的周期长短情况不一，所以消费者对白酒的判断，多是基于自己的主观感受和消费习惯。同时我还认为，只要具备悠久的历史文化渊源、有一定的规模、有独到工艺的中国白酒都是好酒，没有优劣贵贱之分。

问题二：中国生产白酒的企业有两万家对吗？这么多的白酒企业，品牌只多不少，年份原浆是古井贡酒实施差异化战略的产物，请您从定位理论剖析一下究竟这样的定位是否能做得好？差异化是否足够明显？

连进：实践出真知，梁总的逻辑非常符合定位理论和聚焦战略，且强调了占领顾客的心智，在白酒业界开创了一个新品类，这是非常厉害的。古井率先提出年份原浆的概念，而且风靡全国，真的是借央视的春晚向世界传播，这就是非常好的定位战略和打法。而且梁总提到了非常著名的差异化，即一方水土酿一方酒。我们在场的还有天佑德青稞酒，也是一方水土酿一方酒。营销上的差异化也非常重要，在新媒体风起云涌之时，他反其道而行之，借助央视的巨大价值，占据稀缺资源和头部资源，将“中华第一贡”与国家的最高媒体位置相匹配，所以我建议给这样的工匠精神鼓掌。要看到古井贡酒年份原浆品类开创的意义，因为品牌要在顾客的心智中占据一席之地，领导者之所以是领导者，一定是开创了前人未曾做过之事，所以我觉得梁总应该叫作“中国原浆白酒之父”。

问题三：您在 2014 年接任古井集团的董事长时，古井集团的年销售额不到 50 亿元，用了差不多 5 年时间翻了个番，变成年销售额 100 亿元，您说再用 5 年希望可以达到 200 亿元。您认为下一个 5 年可以从上一个 5 年中学到什么？

梁金辉：我反复强调的是多层面破百亿，古井集团收到的来自社会的掌声会很多、鲜花会很多，但我们自己必须要冷静、清楚、从容、稳定。做古井贡酒后百亿的计划，要克服内心观念上的不足，我们提出了“毛细血管说”和“毛细血管再造说”，提出心态比状态更重要、成长比成功更重要、过程比结果更重要、功夫比销量更重要，所以大家做事情一定要有平常心。我们还会进行组织再造、行为再造、思想再造、制度再造，再造一个数字化、国际化、法制化的新古井。前几年我们收购了黄鹤楼，并提出多品牌协同作战的计划，这对未来双品牌双百亿目标的实现起到了推动作用。

问题四：白酒是我国传统的民族企业，传承了千年，中国的酒文化从来不缺故事，但是近年来基于消费者提升健康生活品质的需求，打着健康牌的葡萄酒有了一定优势。作为文化底蕴更深厚、更具备健康属性的白酒，却讲不出健康的故事。在研究白酒健康因子和传播方面古井贡做了很多努力，我们的心得有哪些?

梁金辉：首先需要明确的是，白酒本身就是文化，本身就是故事，本身就是健康。为什么？有些人对白酒存在妖魔化的不恭态度，我认为是不太公平的。白酒在消费习惯上出了问题，即有些人会无节制地饮酒。但我提倡文明饮酒，能喝多少喝多少，任何东西摄入量过大都会伤身体，吃饭、吃面条和馒头，淀粉摄入过多可能得糖尿病。同时中国酒业协会和酒界的同仁也看到了这个问题，到底喝白酒健康还是喝红酒健康？我的回答是什么喝多了都不健康，什么吃多了都不健康。白酒健康因子多还是红酒健康因子多，我认为一方水土养一方人，中国人就是喝白酒长大的，“酒是粮食精，越喝越年轻”的说法是从古代传承而来的。酒是粮食剁碎、发酵、蒸馏、萃取后的产物，包含了很多的微生物和微量元素，以及对人体有益的因子。为此，我们古井贡酒除了进行中国白酒健康研究，还联合中国酒业协会和北京工商大学挖掘中国白酒的有益健康因子，为中国白酒进行科普教育，提倡文明饮酒、健康饮酒。中国白酒发酵时间长，消耗粮食多，而且它的香都是自来香，本色本香，原汁原味，本草纲目里面所有的药方几乎都用酒做底，所以大家要对中国白酒有品质自信和健康自信。

连进：越是民族的越是世界的，而且你能看见多远的过去，你就能看见多远的未来。白酒品类存在了几千年，人类只要活着，以白酒为介质的文化底蕴，就会随着中国的强大被世界所接受与认可。

讲座嘉宾简介

梁金辉 中国科学技术大学工商管理学院毕业，硕士学位，国家级白酒特邀评酒委员，全国人大代表。现任安徽古井集团有限公司党委书记、董事长，中国企业联合会副会长、中国酒业协会副理事长、安徽省企业家联合会会长、安徽省酒业协会会长，中国科学技术大学、安徽大学、安徽财经大学客座教授。

特约嘉宾简介

连进 特劳特定位实战专家，原劲霸男装副总裁，深入研究定位理论多年，北大汇丰商学院特约讲师，深圳清华研究院工商管理研修班外聘讲师。2006 年始任劲霸男装股份有限公司副总裁，主导品牌建设和传播策略，在领导劲霸团队的 7 年时间中，运用定位理论，成功地将劲霸塑造成为中国夹克第一品牌。

主持人简介

赵音奇 电视节目制片人、双语主持人，毕业于中国人民大学和美国斯坦福大学商学院。1999 年进入中央电视台参与创办《希望英语》栏目并担任主持人，同时担任《味道》《大真探》《中国诗词大会》等节目的制片人。2017 年离开中央电视台至美国斯坦福大学进修，获 MSx 管理学硕士学位。

企业定位战略

东阿阿胶的定位战略

山东东阿阿胶厂从1952年建立，到1996年在深圳挂牌上市，再到2004年加入央企华润集团。历经67年风雨的东阿阿胶目前拥有员工4,600人，总资产达138.7亿元，市值超过320亿元，已成为中国最大的滋补养生类中药阿胶生产企业、中国滋补养生第一品牌。

从偏远小县城走向全国，迈入世界市场的东阿阿胶，在发展道路上离不开对定位战略的坚持和践行。2019年4月9日下午，时任东阿阿胶股份有限公司党委书记、总裁秦玉峰来到中国传媒大学“企业创业与创新”公开课的课堂，立足东阿阿胶12年的定位战略实践，分享了他对定位战略的思考与探索。

图1　秦玉峰在课堂上做精彩分享

精彩分享

借助定位战略实现卓越发展

成长总是布满了荆棘和坎坷，把时间拨到2006年，当时的东阿阿胶正面临着巨大的困境。一方面，随着产能扩张，驴皮供不应求，成本价格一路飞涨，利润空间被迫压缩；另一方面，东阿阿胶为谋求业务多元化发展，相继涉足啤酒、医疗器械、印刷等多个行业，但是效果并不理想。更为致命的是，随着阿胶产业走向老龄化和低端化，整个阿胶品类都被边缘化了。全国的阿胶企业也从20世纪80年代的50多家骤减到只剩两家。怎么办？如何改变边缘化的现状？

正如杰克·特劳特所说："继续制造更廉价的产品只有死路一条，因为对手会想办法把价格压得更低。"现实逼迫着东阿阿胶不得不进行战略选择。反复推敲之后，在时任东阿阿胶总经理秦玉峰的带领下，公司选择了"定位战略"以求突围市场。

在"定位战略"的指导下，东阿阿胶聚焦阿胶主业，做大阿胶品类，依靠质量和创新两大抓手，从偏远的小县城成功走向了全国、走向了世界。

毫无疑问，东阿阿胶目前已成为阿胶行业标准的制定者。东阿阿胶如今拥有员工4,600人，总资产达138.7亿元，市值超过320亿元，已成为中国最大的滋补养生类中药阿胶生产企业、中国滋补养生第一品牌。此外，东阿阿胶还拥有国家院士工作站、博士后科研工作站、泰山学者岗位，国家唯一的胶类中药工程技术研究中心也落户其中。

东阿阿胶实施"定位"战略12年以来，阿胶单品的年销售额从不到3亿元猛涨到54.2亿元，并且阿胶也逐步成为消费主流，吸引了更多的消费者选择服用阿胶产品滋补养生。同时，随着越来越多的企业进入，整个阿胶行业的发展也日益兴盛起来。

隐去品牌推品类，做大市场

经过不断的调研和梳理，东阿阿胶明确了自身战略，聚焦阿胶主业，培育多个品牌；持续推进阿胶文化营销和价值回归工程；回归滋补上品价值和高端滋补客户群；实施毛驴活体循环开发，提升综合价值，向产业链上下游延伸；通过体验营销，提升消费者品牌认知和终身价值；利用全球资源，向世界一流企业迈进。

第一，东阿阿胶决定聚焦阿胶主业，剥离非阿胶业务。定位阿胶既是东阿阿胶最大的优势，又符合“寿人济世”的企业使命。因此，东阿阿胶决定将啤酒、医疗器械、印刷等多个业务剥离，而这一剥离就花了近 10 年的时间。

第二，隐去品牌推品类，普及阿胶文化，带动阿胶行业发展。做大阿胶这个品类、提升这个品类的价值之后，品牌知名度高、产品质量好的企业毫无疑问能够获得最大效益。因此，东阿阿胶在前期营销推广中一直以阿胶品类而非东阿阿胶品牌为中心，目的就是让更多的人知道阿胶这个品类。2006 年，整个阿胶品类销售总额不过 5 亿元，即便东阿阿胶占到 70% 的份额，也才不到 3 亿元的销售额。而 2019 年东阿阿胶一个产品的销售额就达到了 50 多亿元，整个阿胶的品类销售额超过 300 亿元。东阿阿胶通过“隐去品牌推品类”，促进了整个行业的繁荣，反过来又带动了自身的快速发展。

第三，具体到产品定位方面，东阿阿胶依照“单焦点、多品牌”战略，培育多个子品牌。目前东阿阿胶有九朝贡胶、东阿阿胶、复方阿胶浆、桃花姬阿胶糕、真颜小分子阿胶等多个产品和品牌，以满足消费者的不同需求。

实施三大工程配称定位战略

在产品定位和选择都清晰之后，东阿阿胶开始着手围绕整个战略做资源配套，对公司的运营体系进行了相应调整，通过实施三大工程来配称“定位”战略。

启动全产业链和全过程溯源工程

为提高效益，延伸产业链，东阿阿胶启动了全产业链，开展全过程溯源工程。阿胶的原料为驴皮，但是随着农业机械化和城镇化进程的加快，驴皮的应用价值被弱化，毛驴产量急剧下降。于是在原料供应方面，东阿阿胶通过在全国建设毛驴药材标准养殖示范基地来推动毛驴产业的繁荣，毛驴除了驴皮可以做阿胶之外，其他部分也极具药用和保健价值。例如驴肉绿色健康，可以食用，而驴奶的营养价值最接近人奶。毫不夸张地说，一头毛驴就是一个“小银行”。因此，东阿阿胶做毛驴的活体循环开发、全产业链开发，能够最大限度地利用好资源，产生收益回报。

近年来，东阿阿胶投入超过3.3亿元，在山东、内蒙古、新疆、宁夏、吉林、辽宁、黑龙江等地建设东阿阿胶的养殖示范基地，研发毛驴快速繁育技术，大力发展毛驴养殖业，建设阿胶原料药材基地。

同时，东阿阿胶按照“品种优良化、布局区域化、养殖规模化、生产标准化、经营产业化、服务社会化”的发展要求，秉持“综合开发、循环经济，社会参与、农民增收，全产业链、活体循环开发”的发展理念，从两方面来推动养驴业的健康发展。一方面，东阿阿胶同当地政府合作，采取“政府＋龙头企业＋银行＋合作社＋养殖户”模式，通过政策扶持养殖户；另一方面，东阿阿胶建立了百万头毛驴的养殖基地，采取“公司＋基地＋合作社＋农户”模式，推广“小规模、大群体”的养殖模式。

原料：把毛驴当药材养 + 活体循环开发 + 产业脱贫

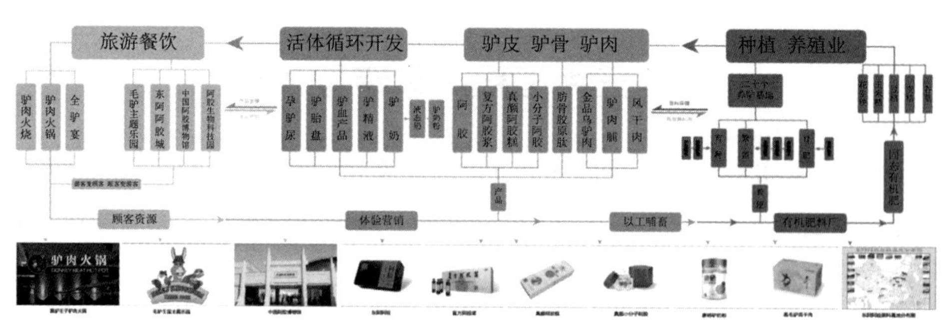

寿 | 人 | 济 | 世

图2　东阿阿胶的全产业链开发

此外，东阿阿胶还推动成立了中国畜牧业协会驴业分会以及中国中药协会阿胶专业委员会两个国家级协会，通过这两个组织来推动整个产业的繁荣。

为了最大限度地保障阿胶的质量，获得消费者的信任，东阿阿胶自 2011 年起开展了驴皮溯源工程。通过对原料基地的黑毛驴植入电子芯片来记录其身份及流通等相关信息，所有的信息都可以在东阿阿胶的溯源平台中进行查询，由此也夯实了东阿阿胶对全产业链的管控能力。

启动感知质量、购物便利化工程

东阿阿胶能够传承近三千年，靠的就是安全和有效两大支柱。与人参、鹿茸等自然药材不同，阿胶是用驴皮为原料，加之特殊的工艺制造而成的，这也就对研发人员有了更高的要求。东阿阿胶始终坚持工匠精神，秉承“厚道、地道、传承、创新”的价值观以及“寿人济世”的使命，不断进行产品质量的升级，始终追求精益求精、打造卓越品质。

作为行业引领者的东阿阿胶，一直将产品质量视为企业的最高道德根基，通过提高技术水平，超越国际标准，引领产品升级。东阿阿胶不但制定了严于国家标准的十几项阿胶质量内控标准，还参与了阿胶等十余个中药产品国家药品质量标准的起草和修订。东阿阿胶制定了全国首部《阿胶生产工艺规程》和首部《阿胶生产岗位操作法》，阿胶基本物质及有害物质含量标准、胶原蛋白特定氨基酸含量测定、重金属限度测定标准已纳入 2010 年版的《中国药典》。截至目前，东阿阿胶已有 37 项标准被纳入国家标准，内控标准高于国家标准的达 122 项，真正保障了产品的安全、有效。

从蒸球化皮技术等一系列技术革新，到带头制定《阿胶工艺规程》等行业质量标准，东阿阿胶始终坚持对技术的高追求。目前，东阿阿胶拥有国家唯一胶类中药工程技术研究中心，该中心多年来坚持不懈地加大药理学术研究，并与清华大学、中国中医科学院中药研究所、浙江大学等 8 家国内一流的大学及研究团队合作，围绕阿胶传统核心功效解析、东阿阿胶区别于其他产品的特色指标成分等方面，致力于开拓中医药科学量化研究的全新领域。

为了令消费者能够更为便利地接触到产品，东阿阿胶还在药店、医院、商超、健康连锁和电子商务五大终端发力，同时不断加强专卖店的建设。

在电商平台建设上，早在 2008 年，东阿阿胶官方商城就已正式上线，成为行业内试水电商的先行者。另外，东阿阿胶还在天猫、京东、国美等多个电商平台开设了直营旗舰店，2015 年，东阿阿胶就成立了专门的电商团队进行运营。据公开数据显示，2015 年东阿阿胶的线上销售额达到 1.2 亿元。在公司的战略规划中，东阿阿胶也将打造以电子商务为核心的一体化健康服务平台作为重点项目。同时，东阿阿胶未来也会在抖音、小红书等新渠道尝试上线，以求最大限度地接触消费者。

此外，为了能够更加直接地与消费者进行沟通，东阿阿胶相继在北京、广东、浙江等地开设了东阿阿胶的直营店。在直营店中，东阿阿胶不仅为消费者提供多种东阿阿胶产品，更通过体验营销、服务营销和会员制管理的方式，为消费者提供阿胶磨粉、代客熬胶、阿胶牛奶品尝、阿胶鉴别、四季养生指导、阿胶文化展示等增值服务。与此同时，东阿阿胶还通过养生论坛、会员沙龙、中医坐诊、建立养生档案等健康服务，传播阿胶的滋补功效与养生文化，为消费者提供健康解决方案。

启动文化体验营销和价值回归工程

阿胶是我国古老的名贵中药材，最早可追溯到商朝。这种以驴皮为主料制成的产品与人参、鹿茸并称“滋补三大宝”。始创于嘉庆五年（1800 年）的同兴堂是历史上首家规模化生产并出售阿胶的堂坊，但是随着社会环境的变化，昔日辉煌的同兴堂已经风光不再，甚至阿胶制作行业也日趋萧条。

中华人民共和国成立后，人民政府扶持民族工商业的发展，不少阿胶厂店得以恢复并扩大生产。其中东阿阿胶裕德堂的赵锡寅顺应发展趋势，于 1952 年将自己的阿胶作坊转为公私合营。由此，全国第一家阿胶国营生产企业——山东东阿阿胶厂成立了。工厂的成立打破了三千年来阿胶的古老生产作业方式，迈出了阿胶工厂化的第一步。1952 年至 1976 年，东阿阿胶厂从“小树苗”逐渐成长为具有相当规模和技艺的大型阿胶厂。

不难看出，在东阿阿胶接近三千年的发展传承中，拥有大量的历史文化积淀，这是东阿阿胶的优势所在，也是其可以利用的重要资源。企业启动文化营销也正是期望通过从经典中来，回到生活中去，把历史的经验再还原到生活之中。并且随着“消费升级”浪潮的来临，居民对于品质、健康生活的需求日趋高涨。针对大众认为“阿胶的功效就是补血”而忽视阿胶在滋补保健方面的作用的普遍认知状况，东阿阿胶决定启动“文化营销”来打破人们对于阿胶的固有认知，同时期望以“文化”为支点，来带动阿胶产品和行业的发展。

东阿阿胶的文化营销经历了三个阶段：1.0 阶段主要是以产品为核心，传播阿胶的历史起源、功效等。东阿阿胶整理了 60 多个典故，以历史典故来介绍阿胶的功效；同时利用多年时间搜集整理的 3,200 多个阿胶古方、名方，100 多个食补方、200 多个膏方等，与消费者分享健康解决方案。此外，东阿阿胶还通过国家中医药局、中国中医药协会等机构与全国 100 多家“治未病”定点医院签订了战略合作协议，让国医大师膏方专家培训临床医生开膏方，传播养生文化和养生理念，并且针对不同需求的消费者给出不同的指导方法。

在 2.0、3.0 阶段，东阿阿胶以顾客体验为核心，将营销重点从传播阿胶的文化、健康管理理念、治疗的方式方法等，转变为文化体验营销，以顾客体验为核心、以工厂为舞台、以产品为道具，将东阿阿胶的生产园区打造为旅游基地，让消费者通过视觉、听觉、嗅觉、味觉等多器官感知来体验东阿阿胶的历史与文化积淀。

东阿阿胶打造的东阿阿胶城目前已经成为“AAAA 级”景区，也是山东省文化产业重点项目。景区以史料记载的清末民初时的老济南、老东阿为背景，集中再现了两座老城百年前的风貌和景观，被影视界誉为“江北一流的影视城”。景区后期进行了旅游改造，形成了以“九朝贡胶”等传统技艺为代表，集展示、养生、休闲、旅游于一体的综合性旅游景区。

让消费者亲历产品生产现场并了解制造的工艺技术，有效地提升了消费者对东阿阿胶品牌的认知度和信任度。2018 年，东阿阿胶工厂的游客量达到了 118 万人次，2019 年突破了 200 万人次。

此外，东阿阿胶也擅于借助《大宅门 1912》《如懿传》等影视作品来进行营销。例如由陈宝国、何晴主演的电视剧《大宅门 1912》，就讲述了主人公于山东创业卖阿胶起家的一段人生经历。通过影视作品，东阿阿胶一方面能够借助其高覆盖度提高消费者对自家产品的认知度；另一方面，也可以通过东阿阿胶与剧情的紧密结合增强产品的说服力，提高品牌记忆度。

无论是冬至阿胶滋补节，举行“千人熬胶活动”，还是在《如懿传》《甄嬛传》《那年花开月正圆》等剧集中亮相，抑或冠名山东航空公司客用飞机等，都是东阿阿胶在文化营销路上留下的扎实脚印。毫无疑问，在文化营销战略的推动下，东阿阿胶不仅提高了阿胶的知名度，再现了阿胶的历史，更是让阿胶真正地从经典著作回到了人们的生活之中。

图3　东阿阿胶第十二届冬至阿胶滋补节

与此同时，东阿阿胶还于2006年启动了“价值回归工程”。由于阿胶产品价格低，无法反映它的内在价值，“价值回归工程”就致力于使阿胶的价格品质符合其真正的价值。在开展价值回归工程的同时，东阿阿胶还同步启动了价值发现工程和价值共享工程，通过历史和科研来挖掘阿胶的价值，使阿胶创造的市场价值为整个产业链的上下游企业所共享。

三大价值工程的开展，让阿胶的真实价值在价格上得以还原，得到了消费者的认可。事实也证明了阿胶“价值回归工程”的正确性。价格提高后，消费者不仅能够接受阿胶产品的新定价，还提高了对阿胶的价值认知。

变革管理体系，保障定位战略的实施

东阿阿胶从偏远小县城走向全国，迈入世界市场，正是握住了质量和创新两大抓手。而无论是走质量与创新的发展路径，还是实施“定位战略”，其成功的背后都是与整个公司的管理分不开的。东阿阿胶以ISO9000的八大管理原则为基础，打造出了东阿阿胶的管理之道，即领导作用、全员参与、过程方法、管理的系统方法、持续改进、基于事实的决策以及互利的供应商关系等。

针对财务管理，东阿阿胶建立了战略预算管理的三维魔方模型，将传统的财务管理体系整合成了有机的整体，实现了同顶层战略、同基层产供销的全面衔接。在这套体系之中，既有按照管理程序划分的战略预算编制、预算执行及预算考核，又有基于阿胶生产价值链之上的养殖加工、物资采购、产品生产及销售、资本投资等预算管理模块。这些，都为东阿阿胶的财务管控提供了强有力的保障。

在人才管理方面，东阿阿胶实施了“金色降落伞计划”，用来实现管理层人员的平稳过渡。这一计划主要是针对老员工办理提前退休而实施的，东阿阿胶为他们提供一次性退职奖励金、一次性退职终身险和“功勋员工”荣誉称号。通过“金色降落伞计划”，东阿阿胶将更多的岗位留给了新青年们。与此同时，东阿阿胶还通过建设员工培训培养体系、岗位任职竞聘制度等来提升人才质量，助力企业发展。

“一图、一卡、两表、一会、OKR”，增强组织执行力、创造力

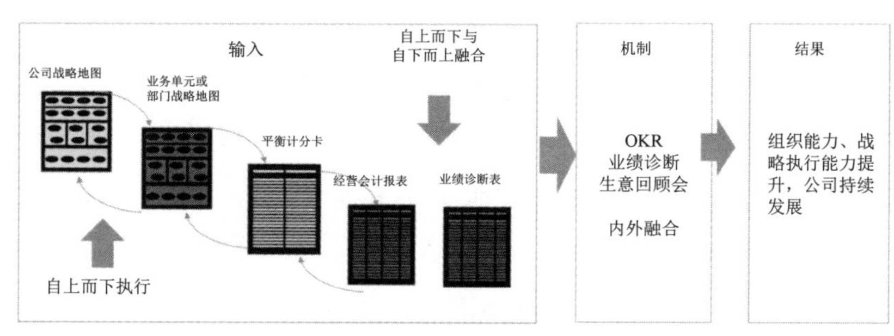

寿 | 人 | 济 | 世

图 4　东阿阿胶的简化管理工具

此外，东阿阿胶采用了卓越绩效模式。通过对领导、战略、客户、顾客与市场，以及资源、过程和结果这七大业务功能进行划分驱动，打造出了一个非常完整和完善的管理体系。

在此基础上，东阿阿胶还提炼出简化管理工具，即“一图、一卡、两表、一会、OKR”。“一图”指的是公司战略地图，“一卡”是平衡计分卡，“两表”是业绩诊断表和经营会计报表，“一会”是联合工作会，同时再把一些关键的业绩指标作为 OKR 来进行评价和测量。这就是东阿阿胶之道，是围绕“定位”战略实施的管理变革和体系建设。

在产品质量管控上，东阿阿胶也始终高度重视，不断创新质量管理控制体系，与国际接轨。为了打造现代化的生产基地，东阿阿胶建设了国家级技术中心、中国唯一的省级阿胶工程中心、山东省胶类中药重点实验室等，并在此基础上组建了国家胶类工程中心。

定位战略的未来展望

对于践行定位战略，东阿阿胶也通过自身的实践得出了如下三点经验：第一，定位是战略的核心，定位就是给品牌做精确指导，以高效地获取顾客的心智资源。第二，品类领导者的首要责任是引领品类良性发展，“行业老大要有心胸，要有格局，不能光把自己做大，”品类做大后领导品牌受益最大。第三，文化是可持续利用的资源，要让文化给产品注入灵魂，提升产品的内涵和溢价能力。

未来，东阿阿胶将继续坚持创新求变的态度，继续践行“定位战略”。首先，在产品上，将依据两条路径进行产品开发和创新，从而满足不同人群的需求。一是通过“阿胶＋新技术”，开发以医药功能为主的产品。例如“阿胶＋生物技术”的真颜，能够让皮肤更快地吸收产品；“阿胶＋低压微孔成型技术”的速溶阿胶块则可以令服用更方便。二是通过“成熟品类＋阿胶”，开发以保健品为主的产品，提升附加价值，例如“阿胶＋枣”的阿胶枣、“阿胶＋燕麦”的阿胶燕麦饮等。

在营销上，东阿阿胶将不再局限于传统的营销方式，会继续坚持创新文化营销，推进东阿阿胶价值发现和回归工程，还原阿胶的历史地位，赋能当代的阿胶发展。

在产业布局上，东阿阿胶不会局限于传统的中医药行业，而是会把视野拓宽到整个健康产业，以健康理论为基础，以健康管理连锁为平台，以健康产品为载体，全力扩张东阿阿胶的“大健康”产业版图。

课堂访谈

图 5　秦玉峰对话张东

提问一：养了那么多毛驴，阿胶为什么还有原料瓶颈？并且为什么不同的阿胶产品价格差了十几倍？

秦玉峰：阿胶行业这几年非常繁荣，全国做阿胶的企业有好几百家，因此会面临原料短缺的问题。现在阿胶行业最大的问题是存在假冒伪劣、以次充好的现象。驴皮药材是 580 块钱一公斤，接近两公斤才能出一斤阿胶。售价几十块钱到 100 块钱的阿胶产品，连买原料的钱都不够，产品质量也不言而喻。但是随着执法的力度越来越大，我相信这个市场会越来越良性、越来越健康。

提问二：您认为到目前为止，东阿阿胶的痛点是什么？最不容易克服的是什么？

秦玉峰：东阿阿胶最大的痛点就像任正非谈华为一样，进入了无人区，前面没有标杆。东阿阿胶在阿胶企业里的标杆不是国内的任何一家中医药企业，现在我们对标的是日本企业，汉方药在日本占了 85% 的份额。还有韩国的红参正官庄也是我们对标的企业。我们跟它们都有战略性的合作，以使阿胶尽快地国际化，用新的渠道、新的媒体、新的产品进入新的人群。如果这方面解决不好，东阿阿胶总有一天也会被取代。东阿阿胶让阿胶再传三千年，这是我们的使命，也是我们的担当。我认为随着中华文化的复兴、中华民族的复兴，中医药走向世界只是时间问题，东阿阿胶在这方面愿意做领先者。

提问三：东阿阿胶定位很成功，是不是只有行业老大才有生存空间？如果做不到行业老大，是不是要另辟蹊径，必须追求在其他领域的定位做到第一？

秦玉峰：我认为这个问题也是定位要解决的问题，你要么成为老大，要么独辟蹊径，你一定要找到自己的差异化，要找到不可替代的价值所在。比如燕京啤酒就是新鲜，在北京市是燕京的天下，现在三大品牌，一个是雪花，一个是青岛，第三个就是燕京。燕京一直主打新鲜定位，在北京谁也比不过它新鲜。所以这就是差异化，这就是定位要解决的问题，一定要找到自己的优势，而且是别人无法取代的优势。

提问四：东阿阿胶的并购战略是什么？

秦玉峰：东阿阿胶之前是并购，但是现在是聚焦。东阿阿胶花了 11 年的时间，退出大豆蛋白等不相关的行业。全球最大的体温计生产企业也是东阿阿胶，过去国内 301 医院用的水银体温计也是我们生产的，但是我们现在已经退出了这些领域。虽然体温计子品牌已经做到了 3 亿元的销售收入、3,000 万元的净利润，但东阿阿胶还是选择了退出，因为这与阿胶属于不同的品类。我们未来的并购目标是围绕补气血类的产品，寻找和阿胶主业相关的、有相同的客户群以及相同的渠道的企业。

提问五：我们讲攘外必先安内，您在领导和动员全员执行新的战略模式上有何关键举措?

秦玉峰：执行定位战略是非常艰难的一个过程。我们经常聘请一些职业经理人来做市场部总经理，但是到现在我已经换了10任总经理，只要不按战略执行的我就换掉。这就是挑战，你必须坚定不移地执行我的战略，这一点是非常艰难的。比如ISO9000，以顾客为关注焦点，你所有的问题都要从顾客这个角度来考虑，而不是从企业内部考虑。做品牌都要从外部角度出发，外部的管理比内部管理要难得多。外部是消费者的心智，定位并不是我强加给产品的，也并不是我们创造出来的，而是消费者心目中早就有的，我们只是唤醒了这种认知而已。

讲座嘉宾简介

秦玉峰　第十三届全国人大代表，国家非物质文化遗产东阿阿胶制作技艺代表性传承人，东阿阿胶股份有限公司党委书记、总裁，工程技术应用研究员，享受国务院特殊津贴。1974年进入东阿阿胶工作，历任科长、处长、厂长助理、副总经理、常务副总经理，负责质量、研发、技改、采购供应、生产制造、市场营销等工作。获得全国五一劳动奖章、全国脱贫攻坚奖奉献奖、石川馨—狩野奖、国家级非遗传承人薪火传承奖，获得中国杰出质量人、全国优秀企业家等荣誉称号，被聘请为南京中医药大学兼职教授、中国传媒大学实践导师。获发明专利4项、省部级重大科研技改项目10余项、省科技进步一等奖3项。

主持人简介

张东　现任央广广告副总经理，曾任中央人民广播电台音乐之声副总监、中央人民广播电台工会主席；全国播音主持“金话筒”、“全国五一劳动奖章”及“五个一工程”等荣誉获得者。开创并主持过央广《中国TOP排行榜》《晚报浏览》、央视《中国财经报道》《天天饮食》、北京电视台《食全食美》《上菜》《幸福厨房》、江苏卫视《当红不让》等节目，曾担任《快乐男声》、中国金唱片等各类流行音乐及美食节目评委。

链接“心”世代

伽蓝的东方美学营销

“伽蓝”来自梵语，意为水，在中国古典文化中指“花果蔚茂，芳草蔓合”之地，是一个充满生命力和创造美的地方。伽蓝集团就如同伽蓝美好的意蕴，18 年来，伽蓝集团一直运用东方智慧和美学为消费者创造美丽与自信，逐渐成为中国化妆品行业的领军企业；同时，伽蓝不断创新其营销模式，紧跟时代发展，链接消费者，占领其心智，推动了国内化妆品行业的变革。

2019 年 4 月 30 日，上海伽蓝集团董事长郑春颖来到了中国传媒大学广告学院“企业创业与创新”公开课的课堂，以伽蓝集团的发展历程为主线，分享了化妆品行业的特性，阐述了伽蓝的企业价值观、使命、尖端科技和创新营销模式，解读了伽蓝一路走来的成功经验。

图 1　郑春颖在课堂上做精彩分享

精彩分享

品牌使命：践行东方美学，向世界传递东方价值观

近年来，中国化妆品行业增速加快，国家统计局数据显示，2018 年我国化妆品零售额高达 2,619 亿元，同比增长 9.6%，增速领先于全球化妆品市场规模。大部分国内化妆品市场份额仍被国外品牌占领，外资品牌长期占据优势地位，国产化妆品品牌领先的寥寥无几，但伽蓝作为国内化妆品的领军企业，一直处于市场领先地位。伽蓝一直立志开发符合东方皮肤的产品，建立传播东方价值的品牌，逐渐发展成为我国化妆品市场份额前十大品牌之一。

伽蓝从成立之初，就确立了“将东方生活艺术和价值观的精髓传遍世界，打造中国人自己的世界级品牌”的愿景，这跟郑春颖的经历有着直接的关系。1996 年，在沈阳一家商场门口，他看到了一个灯箱，一个女孩头戴一顶帽子，穿着玫红色的衣服，面容精致，微笑着。他觉得这个画面很漂亮，不由自主地被吸引了，想一探究竟，近看发现原来是一个日本化妆品品牌的广告，这个画面深深印在了他的脑海里，让他第一次注意到化妆品。2000 年，郑春颖第一次到上海，他用了两个月的时间研究化妆品这个行业，每天都到商场里去观察化妆品。他注意到，在百货商场这个最重要的渠道中，所有的品牌基本上都是外国品牌，而本土品牌大部分都在角落里。这刺激了他，他认为，“中国女性的面子问题都被外国品牌包办了，是一件让中国男人很没面子的事，我一定要创立一个中国人自己的化妆品品牌”。

郑春颖在创立企业之初就开始研究应该把什么作为企业的使命。他认为，企业的使命就是一家企业创立的目的，他相信任何事情是出发点决定结果，而为什么创立将决定这个企业可以走多远。郑春颖在研究企业使命时注意到，法国一家企业在官网上宣称它的使命是将西方的生活艺术传遍世界，这给了他灵感，他认为，作为一个中国的企业，就应该把东方美好的生活艺术和价值观的精髓传遍世界。

产品研发：科技赋能，专为东方女性肤质

产品的研发一直是企业的核心竞争力。为了研制出高品质的化妆品，伽蓝为化妆品生产创立了独一无二的“六觉、六性”的高品质标准。六觉是从品的角度定义的，包括视觉，也就是产品的外观；听觉，产品每次开合的声音要悦耳；嗅觉，打开产品时，闻到产品的气味，消费者会产生愉悦感；触觉，在皮肤上使用的时候，其触感是丰盈满足的；味觉，指化妆品是皮肤细胞的粮食，可以满足皮肤细胞的营养和需求；还有综合感觉，即消费者内心产生的判断——这个产品好还是不好。从内在去衡量一个产品的品质是用六性来判断的，从质的角度：包括要符合国家的法规；产品要达到安全标准，要对人体无害，对皮肤没有刺激；温和性指一个产品在对皮肤没有伤害的前提下具有功效；产品的稳定性，即依靠科技，让产品保持自身品质不易变质；相容性，即产品与皮肤的契合度。化妆品是科学和艺术的完美结合，生产化妆品既要创造美，还要从科学的角度确保产品可靠。

伽蓝对品质的独特定义——六觉、六性

六觉，从品的角度来定义：
包括视觉、听觉、嗅觉、触觉、味觉和综合感觉，
靠的是艺术。

六性，从质的角度来定义：
包括合规性、安全性、温和性、功效性、稳定性、相容性，
靠的是科技。

图 2　伽蓝的六觉、六性

另外，伽蓝明确将科技作为推动企业发展的重要引擎，提出了自己的研发理念：针对东方人的文化、饮食和肌肤特点，结合艺术创意与技术突破，每一款产品及其意义都融合了传承与创新，力求为消费者提供艺术化的，呈现自然之美、人文之美、科技之美，五感六觉完美超卓，达到世界一流品质的化妆品，点燃消费者对美的无限梦想。以此为指导，伽蓝每年会投入高额的新产品研发费用（占总营业收入的 3.5%—4.5%），坚持自主研发与科技创

新，伽蓝拥有“3D 皮肤模型”“外太空护肤科研”“表观遗传学应用”等多项世界尖端科技。除此以外，伽蓝的每款产品从原料选择开始，都要经过至少 60 种科学验证，以确保产品满足消费者对质量、功能、环境的要求，其重视品质的程度可见一斑。

2016 年 9 月 29 日，伽蓝的皮肤模型研发团队在摩根博士带领下，与世界顶尖的法国皮肤实验室 LabSkin Creations① 合作，终于用 3D 生物打印机成功打印出了亚洲人的皮肤，成为全球第一家利用 3D 生物打印技术打印出亚洲人皮肤的化妆品企业。为了该项目，中法两国多位工程学、生物材料学、细胞生物学、制药和再生医学领域的科学家组成了专门的研发小组，经过 98 次实验，终于成功打造出一块具有完整结构和功能的皮肤组织，该皮肤包含真—表皮连接处、真皮和具有多层结构的表皮，实现了用生物打印技术构建亚洲人皮肤模型的创举。

因为东方人的肌肤和西方人的肌肤从人种到皮肤结构，再到肌理，都是有差异的，而所有的后天影响因素，比如饮食、环境、空气污染以及东方人不喜欢暴露在阳光下的习惯都会影响皮肤的特性，所以利用 3D 打印技术可以构建东方人的皮肤模型，以此来研制更适合东方女性使用的化妆品。伽蓝拥有了生物打印皮肤这种体外三维结构的有机体，就可以利用它做更多的研发，包括原料功能测试、化妆品功效评估、药物开发，以及各种各样推动生物技术发展的机理性研究。这项跨国合作的成功印证了伽蓝专为东方肌肤而制的理念，更标志着其从此迈入了全球高科技企业的行列。

包装赋予产品第二次生命，产品的包装透露着品牌的品质、美感和价值。伽蓝从东方女性细腻质感的审美需求出发，强调艺术化的产品设计与极致化的细节表现。例如，旗下原创高端美妆品牌美素容器造型的创意灵感来源于东方花园之门，除此之外，其产品的瓶底设计灵感取自中国瓷器的造型，瓶身犹如亭亭玉立的动人少女。伽蓝的产品设计中还蕴含着满则溢、盈则亏的哲学思想，简约却又不乏深意。用现在最尖端的工艺进行装潢，这样

① 法国 LabSkin Creations 拥有先进、独特、多样的 3D 皮肤模型，适用于日化产品和日化原料的功效评价，近年来该实验室还开发了一项独特的利用 3D 生物打印来重建体外皮肤组织的技术（专利技术），该项技术使得伽蓝成功地使用亚洲人的皮肤细胞构建了 3D 生物打印皮肤。

一款产品不仅强调给消费者创造品质，更强调给消费者带来一种美感。

郑春颖称：“如今，消费者变化很快，很难去总结消费者究竟要什么，因为有时消费者自己都不知道他们要什么，所以需要有人给他们创造未来的生活，引领他们的生活。今天各种各样的化妆品，有很多都是大家想所未想、见所未见的产品，它们完全是基于商家对消费者超前的洞察而生产的，以至于商家可以洞察出消费者内心深处自己都没有察觉到的潜在需求，再去满足他们的需求。”

所以在化妆品的研发和包装上，伽蓝一直都对产品品质有着不懈的追求。郑春颖在企业创立之初就提出产品开发要对标世界最高水平，要从为消费者研制最高水平的产品的要求出发，满足消费者的需求。

品牌传播：跟随时代动向，打造差异化品牌动力

产品上市后，一个不能忽略的任务就是传播。如何把化妆品背后的科技成分以及研发过程展示给消费者，让其知晓伽蓝的产品，是传播需要解决的重要问题。消费者从知道、了解、使用、喜爱到拥护，有一个过程，而让消费者知道是关键的第一步，也就是要打响知名度，“知道”印证了传播的重要性。纵观伽蓝的品牌传播历程，集团始终坚持紧随国内市场和营销环境的变化，时刻观察消费者的需求，创新营销模式，链接消费者。

差异化：渠道深度下沉，重视产品性价比优势

伽蓝聚焦大众护肤品市场，产品定位清晰。不同于国际品牌主打一、二线城市的中高端市场，一开始，伽蓝就进行了差异化竞争，重视中低端消费群体的护肤需求，凭借产品的性价比优势，有效地提升了化妆品的渗透率。2001 年伽蓝初创，同年还创立了美素和自然堂两个品牌，当时国内化妆品缺乏销售渠道，伽蓝也没有足够的广告费用，产品生产出来该如何营销，是摆在伽蓝面前的一大难题。对于自然堂这个品牌，企业选择了最基础的营销手段，一家一家门店、一个一个客户进行终端推销。因为产品品质好，使用过产品的消费者大都对产品有超出预期的好印象，产品回购率极高，良好的口碑和品牌忠诚度逐渐形成，于是，自然堂这个品牌依靠高品质的产品在市场上占有了一席之地。

另外，伽蓝深耕渠道，用两年时间在化妆品 CS 渠道[①]做到了第一名，利用 CS 渠道深度下沉。化妆品 CS 店作为化妆品的品牌集合店，具有专业性、丰富性、便利性等特点，以及强服务属性和精细化运营的特质，店铺内的美容顾问（BA）可以为消费者提供产品咨询和使用建议。这有助于提高消费者的认可度和信任感，从而有效地提高了消费者转化率。美素品牌利用 CS 渠道，邀请消费者听课，让消费者了解并试用美素产品。此举措使得美素品牌的推广成效显著，上市第二年就成了中国专业美容领域最大的品牌。另外，伽蓝通过深耕 CS 渠道抢占了广阔的三、四线市场，并凭借其性价比优势，充分渗透到广大的三、四、五线市场，牢牢把握住了低线城市化妆品消费需求崛起的趋势。

伽蓝成立之初，凭借差异化的高品质产品和深耕渠道策略，打开了市场，提高了知名度，让伽蓝、自然堂和美素的品牌实力烙印在客户的心中，也让消费者开始相信伽蓝的品牌。

品牌化：品牌化运作，树立品牌美誉度

伽蓝在工艺、原料、配方研发等方面的持续投入和研发积累，令其产品品质已不输国际品牌，但消费者对国妆品牌的认可度仍然不高，为了进一步占领消费者心智，品牌的运作刻不容缓。2006 年，伽蓝决定进行品牌化运作，拍摄了自然堂第一条广告，启动了第一个代言人——当年红遍大江南北的演员陈好。广告片首次传播了自然堂的广告语“你本来就很美”，通过广告，伽蓝向消费者传递了自然堂品牌的一种精神：人们都知道地球上没有两片一模一样的树叶，也没有两个一模一样的人，每一个人生来都是独一无二的，只要大胆、自信地展现自己，你就是最美的，因为“你本来就很美”。自然堂鼓励消费者自信地做自己，而不是随波逐流，盲目地模仿他人的模样。当年，自然堂这支广告独树一帜，与当年盛行的夸大了效果和承诺的功效广告截然不同。这支广告投放以后，很多消费者反映看不懂广告背后的内涵，但伽蓝坚持将这支广告投放了整整三年。到第三年时，消费者的看法改变了，他们

① 化妆品CS渠道指日化产品在终端销售中由化妆品店、日化店、精品店系统所构成的销售终端网状系统。

逐渐对自然堂建立起了好感，认为自然堂不浮夸、不过度承诺，是值得信任的，自然堂的品牌价值得到了用户的认同和赞赏，品牌的美誉度也随之建立。

同期，自然堂开启了品牌和产品的全线升级，将品牌产地源头指定在了喜马拉雅，取之于其、用之于其，企业致力于守护喜马拉雅的生态环境。自然堂成为全球唯一以喜马拉雅为产地源头的品牌，也是中国唯一有产地定位的化妆品品牌。伽蓝把喜马拉雅作为品牌的源头，支撑自然堂走得更远。

图 3　2019 年自然堂 # 种草喜马拉雅 # 公益行动第三季海报

图 4　购买产品助力环保活动

另外，作为国内化妆品的领军企业，伽蓝一直致力于承担民族化妆品行业之魂的责任。郑春颖认为一个品牌必须要承担社会责任，更要关注可持续发展。在企业发展壮大的同时，伽蓝一直积极支持教育事业及各种社会公益事业，以实际行动尽最大可能回报社会。抗震救灾、扶助失学儿童、建立希望小学等诸多需要社会贡献力量的事务中都能看到伽蓝的身影。除此之外，为了回报自然堂的源头喜马拉雅，从 2016 年开始，伽蓝持续三年开展众筹活动来保护喜马拉雅，维护其自然环境和生态平衡。

品牌升级：面向高端市场，打造高端品牌

化妆品行业根据价格高低将产品分为五级，用 S 来衡量与界定：S1、S2、S3、S4、S5。S1 是最低端的产品，S5 是顶级产品。中国品牌以前大部分的产品都处于 S1 和 S2 等级，也就是面向中低端市场销售的产品，但随着经济发展，居民可支配收入提高，消费者对高端化妆品的需求不断增加。在中国，中高端市场基本都被外国品牌所垄断，伽蓝决心打破这个局面，做一个属于中国人自己的高端品牌，于是伽蓝研制了美素——一个专为高端市场研制的品牌。伽蓝独创了一个模型——高端品牌五要素，用五个要素定义一个品牌是否高端，这也是美素高端产品研制的开发标准。

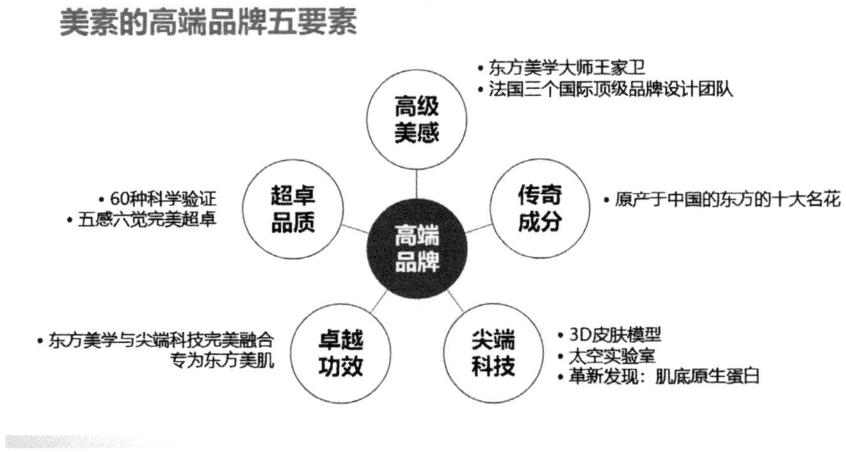

图 5　美素的高端品牌五要素

第一个，传奇成分，一个高端品牌首先要具有一种传奇的故事性成分，美素是以原产于中国的十大名花为成分的，每一种花在中国都具有人文属性。第二个，尖端科技，美素利用3D皮肤打印技术和太空实验室进行产品研发。第三，超越品质，每一款产品的诞生都要经过至少60次的科学验证，五感六觉完美超卓。第四，卓越功效，产品将东方美学与尖端科技完美融合，专为东方美肌研制。最后是高级美感，伽蓝邀请东方美学大师王家卫拍摄了美素的产品广告片，诠释了中国女性独特的美，并请全球知名团队打造了美素的柜台、道具、标识以及包装。

品牌年轻化：多元营销模式，链接年轻消费者

随着新媒体时代的来临，伽蓝面临的最大挑战就是如何去面对数字化的时代，如何去满足年轻消费者的需求。一方面，伽蓝植根于本土市场，更加了解国内市场的热点和消费者偏好，能够充分利用新媒体、新渠道等，更快速地触达消费者；另一方面，伽蓝品牌的管理、营销团队均为本土运营，在开发新产品、探索新营销模式方面免去了外资品牌的层层审批环节，能够针对市场热点迅速做出反应。近年来，伽蓝在IP运营、结合市场热点、打造口碑爆款方面的成功案例层出不穷。

起用年轻代言人，IP活化品牌

郑春颖称："中国的市场正在成为全球最难经营的市场，中国的消费者，特别是女性消费者对化妆品的要求越来越高，当然消费者的要求也让中国的企业在这个过程中得到了更高标准的发展。"

随着时代的变化，伽蓝发现，要同消费者保持良好的沟通，就要拥有和他们一样年轻的心和年轻的美学审美，于是伽蓝旗下各品牌都开始做了一些调整。为了实现品牌年轻化，2016年伽蓝做了一个重要的决定：启用了00后代言人——欧阳娜娜。当时正值自然堂品牌诞生15周年，郑春颖认为，15年的企业可以说不老不小，也是百年企业里很年轻的企业，但在年轻消费者的心里又觉得15年是上一个时代的事儿。为了在品牌诞生15周年时与消费者进行更好

的沟通，伽蓝决定请当年 15 岁的明星欧阳娜娜出任自然堂成立 15 周年的品牌形象大使，将品牌人格化，让消费者通过欧阳娜娜来理解自然堂品牌的新内涵。

同样的 15 岁，有了同样年轻但是却不能被看轻的 15 年，自然堂联合欧阳娜娜进行了一场告白会，欧阳娜娜公开表白自然堂。通过这次活动，自然堂圈粉无数，特别是让一大批年轻的消费者喜欢上了自然堂。同时，自然堂还投放了一组地铁广告来彰显年轻消费者的态度。

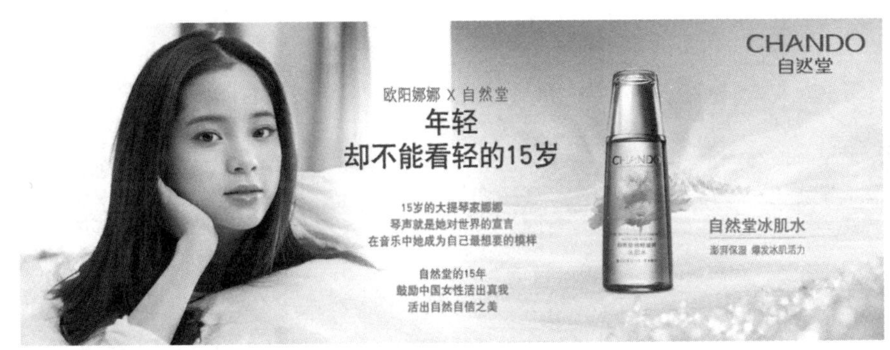

图 6　欧阳娜娜代言自然堂护肤品

链接社会热点，情感触动消费者

伽蓝旗下的所有品牌都走上了年轻化的道路，决心跟年轻人玩在一起，而明星只是伽蓝与年轻人建立联系的第一步，只有与年轻人进行更走心的互动才能让品牌走得更远。随着社交媒体的崛起，中国品牌和消费者的沟通逐渐从电视转到了社交媒体，2016 年后，更多的品牌开始研究如何和年轻消费者实现互动、如何通过营销去影响不同的群体。伽蓝针对每年的社会热点，拍摄了如“重拍毕业照”“整容线”“没有一个男人通过的面试”等广告片，在社交媒体上获得了亿次以上的观看量，将品牌价值有效地传达给了消费者，赢得了消费者发自内心的喜爱。

其中，“没有一个男人通过的面试”广告片展现了一个真实的面试过程，视频中，自然堂邀请了 5 位职业女性代表作为面试官，就一些职场女性在面试时常被问到的问题向男性求职者发问。这种男女位置调换和男性反应的转变，放大了女性在职场上遭遇的偏见，同时为职场女性发了声：你自信拼搏的身姿，就是最美的样子，无惧场景偏见，无所畏，你本来就很美。自然堂从成立之初就倡导女性的自然、自信，这个广告片更是从公益角度表达了品牌的态度和责任，鼓励职场女性自信拼搏，用实力直面职场偏见，同时让全社会对职场女性多一些关注和尊重，给予女性更多自由选择的权利。也希望有越来越多的人和自然堂一起，为职场女性发声，早日消除性别偏见，真正让女性“无所畏，你本来就很美”。

#重拍毕业照

你本来就很美 | CHANDO 自然堂

HAIBAO

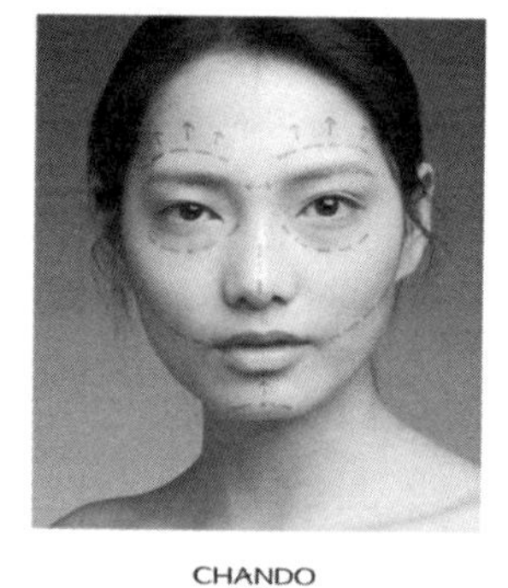

图7　“重拍毕业照”“整容线”“没有一个男人通过的面试”二维码广告片链接

创意跨界营销，“尖货”吸引消费

另外，伽蓝也进行了不少跨界合作的营销。2018 年“双十一”期间，伽蓝决定推出一些“尖货”——一些让人听到、看到后会尖叫的货、一些出乎意料的产品。自然堂针对年轻的宝妈群体，推出了一款尿不湿面膜，意在告诉消费者自然堂的面膜对皮肤是十分安全的，就像尿不湿之于宝宝的屁屁一样，能保护皮肤不受伤。伽蓝将面膜与尿不湿联系在一起，于是就选择了与好奇牌纸尿裤合作，推出了尿不湿面膜。此举引发了消费者的热议和抢购，该面膜也在 2018 年的“双十一尖货”评比中获得了第一名。

在二次元方面，伽蓝不仅开始和视频网站、网络游戏、电音节目合作，还开始把自身的产品二次元化。2018 年，伽蓝推出了一个新品牌“春夏”，品牌定位年轻消费者，强调好玩、好看、好用，伽蓝对“春夏”的系列产品进行了二次元形象打造，与年轻消费者进行了良好的互动。

图 8　春夏的二次元形象示意图

课堂访谈

图 9　郑春颖对话李小萌、李银会

问题一：今天郑董非常充分地把整个伽蓝的历史和我们分享了。我提一个问题，我接触过另一个精品国货化妆品牌，它们有一款产品据说功效非常明显，有一个国际大牌明星很喜欢它们的产品，但是他会把这款产品放到另一个国际大牌的瓶子里使用，您可以理解吗？就是我们自有的化妆品品牌，

怎么让自卑变成骄傲？还需要多长时间？

郑春颖：我们做品牌的，从做传播开始，就希望能够感动自己，还能够感动消费者。而且我们做品牌、做产品的，首先希望产品能够让自己信任，才能让消费者信任。现在中国的消费者对本土品牌可以说是越来越有信心，但还是有一部分消费者，特别是有一些人，他们没有信心。刚才的例子很典型，他明明觉得这个产品很好，但是他不愿意让别人知道他用的是这个产品，这背后的问题已经不是一个品牌的力量可以改变的了。这个社会现在就有这么一种不好的现象，我想从国家到媒体，大家都应该改变这种现象。而从我们自身的角度来讲，我们就希望把自己做好，真真正正做到让消费者越来越离不开我们的产品，让中国消费者乃至全球更多的其他消费者使用我们的产品，逐渐这个状况就改善了。有的时候中国消费者非要看到外国人用，才觉得这个产品拿得出手，其实现在更多的外国消费者都在使用我们的产品。

问题二：我们可以看到自然堂的理念——“你本来就很美”已经深入人心了，而且已经有了很强的辨识度，自然堂当初是怎样找到喜马拉雅这个源头作为链接点的呢？

郑春颖：这个是逐渐找到的，开始的时候，我们的产品成分只强调了自然，没有强调产地，2009 年我们接到邀请参加上海世博会后，就开始思考拿什么参展，后来我们决定要打造一款代表中国品牌新高度的产品。那么这款产品究竟要有什么样的背景？我们觉得中国品牌要做中国故事，那么最能代表中国高度的就是喜马拉雅，所以我们就决定要把产品的源头放到喜马拉雅。这个产品用的是喜马拉雅的冰川水做原料，直到现在这个系列的产品还是非常受欢迎的。之后，我们用了 5 年时间把自然堂所有产品的材料出产地都定在了喜马拉雅。

问题三：伽蓝这几年在电商销售中取得了不错的成绩，我在官网上看到伽蓝提出的新品牌、新营销、新渠道、新技术这样的概念。我想问一下，能不能具体说一下伽蓝的互联网商务发展模式，以及这些概念是怎么提出的？

郑春颖：首先，伽蓝做电商的历史不长，是从2013年开始启动电商的，但目前来看发展速度很快。我们一开始就把电商视为一个整合性的渠道进行整合性的营销，而不是把电商单纯看作一个销售的渠道，我们更多的是将其视为和消费者沟通、获取新客源以及推广新产品的一个非常重要的阵地，这是我们和其他品牌不一样的地方。

另外，从保护消费者利益的角度来讲，我们可以确保各渠道的商品价格相对一致，以防止消费者产生一种自己被欺骗的感觉。中国电商的发展全球领先，已经成为全球的标杆。除了平台电商，这几年开始还兴起了社交电商和一些微商等，这都是利用互联网技术去触达消费者的方式，我们在这方面都开始了布局，并且进行了营销。刚才你提到的就是我们刚刚启动的一个为期三年的计划，我们希望到2020年时，整个生意规模可以到300亿元。所以，为了实现这个目标，我们提出了新品牌、新渠道等措施，以此去应对中国市场和消费者的变化。我们必须要进行自我创新，为消费者提供更新的产品、更好的服务。

问题四：对于郑董您个人我也想了解一下。我查阅了资料，发现您很早已经是公务员了，1997年开始创业。我想知道，在那个年代您已经是公务员了，是怎么想到要去做一名企业家的？这其中有怎样的心路转化历程或者有什么故事？

郑春颖：我是典型的受邓小平改革开放影响的一代，1992年邓小平发表南方谈话时，我还在辽阳市财政局上班，他鼓励人们积极经商，所以我那个时候就想尝试着做一些自己想做的事儿，当时的尝试虽然都失败了，但在这过程中我觉得很有趣，直到1996年我决定辞职创业，次年正式开始做美容行业。从美容行业进入化妆品行业，我用了4年，2000年我来到上海，一路走到了今天。回想这个过程，最重要的是我在财政局工作时的决断，持续重复性的工作让我已经预见到自己60岁时的生活模样，所以我当时想要挑战一些未知的事情，就选择了创业。离职时我完全没想好要做什么，也没有资金，就这样从头开始做到了今天。

讲座嘉宾简介

郑春颖 伽蓝（集团）股份有限公司创始人，伽蓝集团董事长。上海市政协常委（第十三届）、上海市工商联（总商会）副会长、中国化妆品产业领军人物。曾开创多个颇具创新性的营销模式推动行业变革，成就的化妆品美妆店渠道已成为中国品牌的孵化器，成为中国化妆品行业发展的里程碑。2014 年先后获得由联合国开发计划署（UNDP）颁发的表彰证书，以及国务院颁发的“全国民族团结进步模范个人”奖项。在发展公司业务的同时，致力于造福人类的公益事业，发展教育，消除赤贫，保护环境的可持续发展。曾获得包括“中国十大美容业最具推动力人物”“中国美容业十大新闻人物”“2010 年度时尚先生”等多项称号。目前还同时担任中国美发美容协会副会长、中华民营企业联合会副会长、上海日化协会副会长、东北财经大学客座教授。早年毕业于东北财经大学商业经济系，获经济学学士学位；2005 年获北京大学光华管理学院 EMBA 工商管理硕士学位；2011 年成为东北财经大学企业管理博士研究生。

特约嘉宾简介

李银会 北京大学理学硕士、高级工程师、民建会员，现任青海华实投资管理集团董事长，兼任青海互助青稞酒股份有限公司董事长。他热心公益事业，主动参与光彩事业和慈善事业，累计捐资数千万元。在事业上，他致力于将青藏高原独特的青稞酒品类推向全世界，将“天佑德”品牌打造成健康持续的全球品牌。

主持人简介

李小萌 资深媒体人、主持人、制作人、教育投资人。获得中国主持人最高奖“金话筒”奖，2018 年被《人物》杂志评为年度女性人物。大型父母成长类节目《你好爸爸》《你好妈妈》制片人、主持人。

爱慕的品牌进阶之道

“Aímer”源于法语，意为“爱”。26年间，爱慕秉承为消费者“创造美，传递爱”的理念，不断创新，从优质产品提供者到中国千家万户内衣服饰解决方案的提供者，从内衣时尚引领者到内衣文化领航者，逐渐成长为中国时尚领域和内衣领域的领军品牌。

2019年6月18日，中国传媒大学广告学院“企业创业与创新课”邀请到爱慕品牌创始人，爱慕股份有限公司董事长、总裁张荣明来到课堂进行课程分享。课上，张荣明分享了爱慕品牌的发展历程，给出了打造融合东方美学与国际流行元素的高端内衣品牌的方法论。

图1　张荣明在课堂上做精彩分享

精彩分享

临危受命，新尝试带来新机遇

商业思维从小就根植在张荣明头脑中，在小学时，张荣明就会根据季节下水摸鱼，再将鱼拿到集市上卖。靠着“春天抓黄鳝、夏天摸河蚌、秋天抓青蛙”，张荣明经常能给自己赚到一碗面钱。

这种经商意识一直延续到他成年以后。1987 年，张荣明从北京钢铁学院（原北京科技大学）毕业。而后，为了留在北京，他进入母校，成为一名教师，从事科研开发工作。本应成为一名受人尊敬的大学教师的张荣明，因为一个偶然的项目，进入了另一条人生轨道。他的研究生课题是化学气相沉积（Chemical Vapor Deposition，CVD），这是一项用来生成“金属表面涂层”的新技术，运用 CVD 技术改善“硬质合金”刀片性能，可以使金属切割面更光滑并提升金属的使用寿命。赶上改革开放，创业浪潮兴起，他与当时的同学一起组成了创业圈子，想着凭借手里掌握的科学技术进行创业。为了这个项目，他四处奔走，也成功地赚到了人生的第一桶金。

1991 年，张荣明接触到记忆合金这一材料，应用其独特的形状记忆效应，他成功研制出一款超弹性记忆合金文胸底托。而在当时，国内的文胸市场还是一片空白：国内做文胸的企业很少，而国外企业也不会选择这么高级的材料。有了之前的成功经验，加上坚信高科技性产品的前景，张荣明立即开始寻找生产厂家，为自己的项目寻找出路。经过他的努力，一条打造新款内衣的流水线在华美时装厂运转起来。但生产线运转后不久，就出现了问题。华美时装厂是一家集体企业，由于持续经营不善，连年亏损，即将停产，厂方希望让张荣明接管华美时装厂。张荣明一开始十分犹豫，因为从一名科技人员转型做厂长，是极具挑战的事情。然而思索再三，他还是决定尝试一下。那时的张荣明还没有意识到，他已经做出了一个改变自己一生的抉择，这个抉择也让他与时尚产业结下了不解之缘。

创业初期，高科技的加持使得爱慕品牌发展迅速，但危机仍然存在。

1996 年，张荣明参加了在上海举办的中国国际内衣及沙滩装博览会，他发现国际品牌产品品类丰富，且设计感强，国内企业无法与之相比，这让张荣明意识到了品牌建设的重要性。在随后几年，通过导入品牌 VI、引进优秀设计师、参考 ISO9001 管理体系等方式，张荣明引领爱慕逐步构建起了从前端形象到后端品质研发的系统。

先后经历了三次企业改制后，爱慕在张荣明的带领下，已由昔日的一家小型内衣工厂发展成为如今拥有近万名员工的企业集团公司。现在爱慕集团由爱慕股份有限公司及其全资和投资的数十家分子公司、合资公司组成，专业从事高品质贴身服饰及相关用品的研发、制造和品牌运营，集团总部位于北京市朝阳区，旗下有两家国家高新技术企业。

科技基因决定品牌基因

在品牌的发展过程中，什么是最坚实地支撑品牌的东西？可能不同的企业家和企业给出的答案都不尽相同。在张荣明看来，支撑爱慕品牌的是科技搭建的“产品力”和生活文化所带来的“故事力”。在硬与软、张与弛之间，爱慕彰显了品牌基因。

产品力：科技引领发展

爱慕从一开始就与科技息息相关，因此科技也是爱慕品牌最核心的基因之一。对于爱慕而言，柔软的内衣产品背后，其实早已建立了一个非常坚实的智造系统。

早在 1999 年，爱慕就与北京服装学院成立了北服—爱慕人体工学研究所。2010 年 11 月，爱慕又与首都体育学院合作成立了爱慕运动机能服装研究中心。研究中心借助首都体育学院的专业支持，在 2014—2018 年间，完成了全国 30 个城市、21,212 人次的数据收集，填补了国家基础数据库的空白，为运动机能研究中心的基础研究打下了基础，为智能内衣对接个性化运动处方的后台分析提供了支持，也为爱慕参与国家相关标准的制定提供了可能。2018 年 10 月，爱慕与北京服装学院正式成立北服・爱慕内衣研究院。

经过多年的发展，爱慕建立了中国最全面的人体体型数据库。早期中国女性内衣设计基本参考日本品牌，而两国女性体态并不相同。建立中国人的人体体型数据库也是为了更好地为中国女性服务。同时，针对行业内的痛点，爱慕研发的展示用柔性人台，解决了内衣立体裁剪过程中与人体的贴合度问题，极大地提升了内衣的舒适性。

爱慕将科技运用到产品线，打造了一系列优质的产品。在保暖内衣方面，爱慕最先采用了由纳米化的陶瓷纤维和腈纶融化融合后形成的织线织成的纤维布料。这种布料有远红外发热的功能，舒适度高，贴身效果好，非常轻薄。之后，爱慕又对保暖内衣进行了材料升级，纤维纳米度比原来更细，效果也比原来更好。

同时，爱慕始创了皮肤衣，大力打造“人体的第二层肌肤”。皮肤衣具有轻薄贴合的特点，是时尚人士的内搭标配。

为了解决受众在冬季渴望内衣能兼备保暖与轻便的问题，爱慕研发了碳纤维柔性发热裤，在腰部、膝部应用了可调控的远红外升温技术，有10℃、20℃、30℃三档可供调节。著名主持人刘芳菲曾穿着此裤去滑雪、登山，保暖效果非常好。

在运动内衣方面，爱慕也推出了一些富有科技感的产品。如爱慕考虑到人们运动时携带手机的问题，设计了可后置手机的高强度运动文胸；通过结合人体力学工学，爱慕推出了一款提臀收腹压缩粘合裤；通过运用三维运动轨迹捕捉系统研究国内外跑步文胸功效，历时5年，爱慕提炼出了满足中国女性身心需求的跑步文胸解决方案——适合中国女性跑步运动的X守护专利文胸。

在家居服方面，不少人夏天都会受蚊虫所扰。为解决这一问题，爱慕将安全无毒的驱蚊原料添加于纤维中，打造出了防蚊莫代尔面料产品，该面料能有效趋避蚊虫，手感柔软细腻，贴肤舒适且垂顺。

在26年的发展中，爱慕技术中心开发了工厂自动化生产智能技术，自主研发或者改进自动化生产设备系统、生产管理系统，并将各生产环节进行了整合升级，这是一个针对存量逐步进化与改良的过程，更是一个通过新的技术杠杆引进优质技术的增量过程，也是在本质上赋能整个生态系统的一个过程。

张荣明执掌的爱慕，不仅是一家内衣公司，更是一家身着时尚内衣的科技公司。爱慕的发展，是在思考过“未来向何处发展”后，灵活运用科技将想法落地，进而继续走向未来的发展。

故事力：文化+时尚深化品牌内涵

内衣，作为服装的一个细分品类，从诞生之初就与时尚有着密不可分的联系。爱慕在 26 年中不断打破内衣的时尚边界，将时尚基因深深地植入品牌之中。在张荣明和所有爱慕人看来，浓郁的文化味儿和时尚感是爱慕内衣受人爱慕的理由。

内衣起源于国外，因此中国的内衣是从模仿开始的。在发展过程中，中国本土内衣品牌往往注重产品，忽略了自己的文化内涵，并没有深入思考自身的定位，以及应该呈现怎样的形象等问题。然而时尚内衣的发展必须与文化紧密结合。爱慕品牌不断寻找自我，将中国、东方、西方元素结合起来，共同诠释时尚的内衣文化。

在张荣明看来，内衣不仅是一种商品，张荣明在爱慕·内衣（时尚）文化研究室的成立仪式上说：“内衣不仅仅是一种产品，更是一种文化观念和生活方式，是一种生活质量的反映。”在爱慕，企业通过一系列的活动，将这种时尚内衣与文化的结合落到了实处。从 2002 年开始，爱慕几乎每年都要推动一项文化工程。2002 年，“爱慕·敦煌”主题内衣发布会第一次将中国的文化元素与现代内衣时尚融会贯通，引发了全新的时尚品牌文化新概念；2003 年，爱慕在全国推出“在禁锢与释放之间”内衣文化展，第一次把百年内衣的文化和历史用直观的方式展示给大众；2005 年 3 月 24 日，爱慕将“新丝绸之路”带上了时装之都开幕晚会的大舞台，再次将中国文化元素与时尚内衣相结合，展现了灿烂的历史文明中经典元素的时尚魅力，这也标志着内衣文化正式走入主流时尚；2006 年 1 月 10 日，爱慕启动了持续了一年的“爱慕·美丽中国行”，再次掀起了内衣文化狂潮，将文化与内衣的理念传遍中国。

除了产品之外，一直以来，张荣明尤其注重对爱慕品牌文化属性的打造。为打造有温度的品牌，爱慕在苏州建立了实景版游园惊梦昆曲体验馆。体验馆是在 1921 年成立的苏州昆曲传习所旧址上，采用传统工艺进行全方位修缮而成的，这里是世界非物质文化遗产——昆曲的唯一物化保护基地。体验馆于 2010 年正式开始对外演出，致力于昆曲文化的传承。同时，爱慕也将昆曲带向了全国。2019 年 5 月 17 日，爱慕在太原天美购物中心搭建了实景苏州园林，消费者可以身临其境地聆听昆曲《游园惊梦》，进行上昆曲妆、着昆曲戏服、拍昆曲美照等互动式体验，零距离体验昆曲的艺术魅力。

图 2　苏州游园惊梦昆曲体验馆实景

为传承文化底蕴，融汇艺术之美，2018 年 12 月 18 日，爱慕工坊在爱慕时尚工厂揭幕。工坊携手国家级刺绣大师，共同研究传承刺绣非遗艺术，力求降低刺绣的体验门槛，使其融入时代与大众生活。爱慕也把文化与技艺的传承融入时代与大众生活。2019 年 3 月 23 日至 24 日，爱慕工坊走进北京 SKP，举办了爱慕工坊亲子刺绣活动，让孩子们参与手工匠心体验。同时，爱慕也开展了香囊手作体验等活动，带领顾客感受传统文化。

在 26 年的品牌发展道路上，爱慕虽与其他品牌一样身处无穷无尽的浮华竞赛之中，但爱慕始终把握自身的品牌基因，以理性的姿态破除身份焦虑，不断实现价值，实现品牌发展。

公司再定义

目前的服装行业整体呈下降趋势，消费者的服装数量趋于饱和。如何在这种情况下打动消费者，获得他们的青睐，成为爱慕接下来需要考虑的问题。

从实体连锁店到网上商店，再到“鼠标 + 水泥 + 移动网络”的全渠道商业模式，零售业的演变也掀起了一场渠道革命。张荣明认为，在以前渠道为王的时代，渠道选在哪里，流量就跟着去哪里，而现在，基于市场环境、消费习惯的变化，渠道要跟着人走，当“终端为王”转变为“消费者为王”“流量为王”，企业选择立足长远还是立足眼下就显得尤为重要。与以往迎合消费者不同，他希望品牌能够影响消费者。

为此，张荣明提出了“公司再定义”这个概念，爱慕开始调整转型。同时，在 25 周年庆典之际，爱慕也正式发布了新的品牌 LOGO。原来经典的扑克牌字体，被更简约利落、青春现代的字体所取代——这个信号表现出它向年轻消费群体不断示好的意图。变的不仅仅是 LOGO。首先，爱慕开始重新定义公司：从一家内衣工厂成功地转型为一家内衣品牌运营商和千家万户的内衣服饰解决方案提供者。同时，重新定义爱慕品牌：赋予爱慕品牌“爱、精致、生命力”的新内涵，做一个国际视野、中国情怀的品牌；爱慕要从爱出发，研发真正适合中国消费者生活状态的好内衣，让消费者享受“爱与美”带给自己的幸福感。

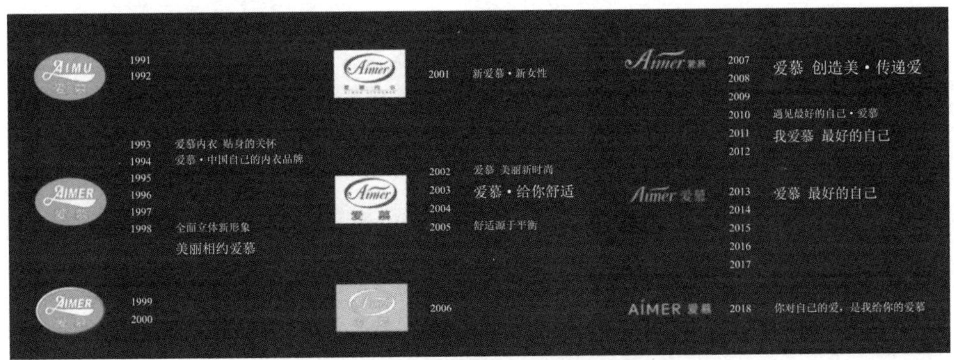

图 3　爱慕 LOGO 与宣传语变化演进图

多品牌战略，打造独立品牌人格

事实上，每一个品牌面对的，都是一个瞬息万变、供给过剩的市场，对于消费者而言，习惯于选择一个品牌，也许需要两三年的时间，而选择放弃原有习惯，也许只需要两三天。作为高度个性化的产品，单一类型的内衣无法满足消费者的全部需求。因此，张荣明认为，品牌及文化需要不断细分与裂变。其中最重要的路径就是通过持续的品牌建设，揣摩按不同标准细分的消费人群的需求，实现多品牌的运营，从而建立一个完整的、体系化的风格阵营。目前，爱慕已经拥有爱慕（AÍMER）、爱慕先生（AÍMER MEN）、爱慕儿童（AÍMER KIDS）、爱慕运动（AÍMER SPORTS）、爱慕家品（AÍMER HOME）、慕澜（MODELAB）、兰卡文（LA CLOVER）、爱美丽（IMiS）、心爱（SHINELOVE）、皇锦（EMPERORIENT）、宝迪·威德（BODY WILD）、UM25、BECHIC、乎兮（HUXI）、足哇（jourva）以及护肤品牌纽格芙（NATURE'S GIFT）等 15 个品牌和产品线。通过打造全方位的多品牌矩阵，爱慕已孵化出一个个独立而有魅力的品牌人格。

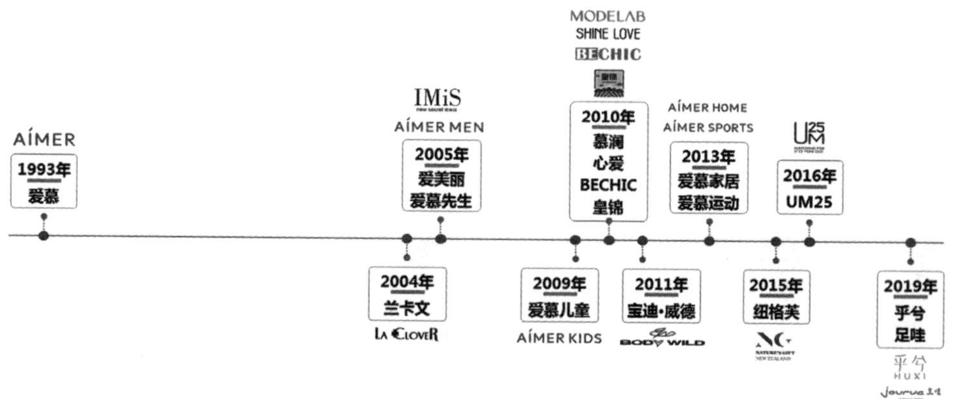

图 4 爱慕集团旗下品牌矩阵

近年来，年轻消费群体涌入内衣市场。爱慕也开始聚焦年轻市场，关注年轻群体及其文化，布局年轻产业线，进行营销推广。作为专为年轻人打造的内衣品牌，爱美丽于成立 10 周年之际推出了“我是爱美丽，勇敢做自己”艺术玩偶，并持续赞助北京高校联合电影节。

同时，主品牌爱慕近两年也在进行跨界尝试。2018 年，爱慕与美国纽约艺术家凯斯·哈林跨界合作设计出品了一系列单品，邀请《这！就是街舞》人气选手 Nikki（陈妍臻）作为 Keith Haring X 爱慕系列代言人，以时尚快闪店的形式，为消费者提供个性化的新型体验，也为品牌带来了新的活力。

AÍMER NYC 是爱慕以国际化的时尚之都纽约为灵感，为宣扬女性独立自由的价值观而推出的新系列，预计于 2020 年上线。爱慕希望把纽约的独立自由的精神与中国年轻消费者的价值观契合起来，吸引年轻消费者，让当代独立女性自信、自在地展现她们的风格，发现真实的自我。

面向海外，布局全球

张荣明曾说："我的梦想好像并不大。但是既然爱慕因为一个时代机遇诞生了，在中国变得越来越强大的今天，我们为什么不能有成为一个国际品牌的追求呢？所以现在把爱慕打造成一个国际的内衣品牌，是我们爱慕的一个梦想，也是我的一个新追求。"

事实上，一个品牌的时尚进阶，与一个品牌的时尚度和消费者的调性息息相关。爱慕通过研究，得出了中西方内衣发展的对比曲线。

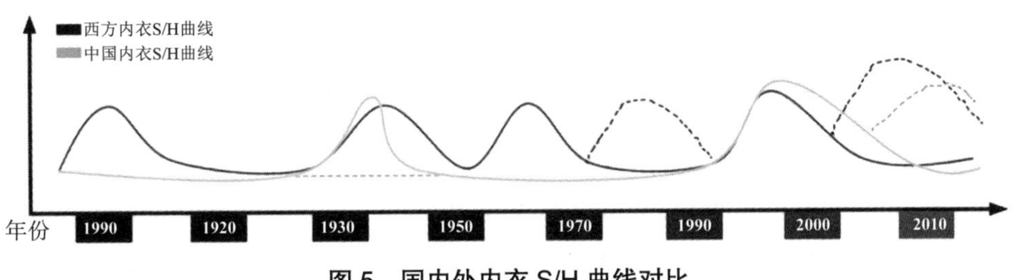

图 5　国内外内衣 S/H 曲线对比

爱慕从中西方内衣发展的历史轨迹中得出以下结论：

第一，时尚流行的审美曲线跟时代背景、文明程度、经济发展和生活方式密切相关。

第二，在西方女性审美曲线的变化中，不管是"S"形兴盛时期还是"H"形兴盛时期，整个历史是在反复中螺旋上升的，内衣穿着方式伴随着文明发展、科技进步而呈现出更解放身体、更舒适自由的状态。

第三，中国开始有“S”形曲线的历史比较短，但是在飞速发展的 20 世纪，中国女性和西方女性的审美差异在缩小，全球文化有趋同现象。

第四，2000 年以后，审美的流行周期更短、标准更分散，开始更注重自我感受。

通过对曲线的分析，张荣明认为，近年来的中国已经跟上了世界内衣的时尚节奏，这也为爱慕的产品推广提供了参考。

2008 年起，爱慕开启了国际化进程，同年，海外第一家分店诞生。近几年来，爱慕先后进驻了新加坡、越南、柬埔寨和迪拜市场，将 Aímer、Aímer Men、La Clover 品牌带出国门。截至 2019 年 7 月底，爱慕的海外渠道共计 18 个，未来还将开拓更多的国际新市场。目前，爱慕正在积极进行全球化的布局，建设全球性的供应链体系，而在全球化过程中，爱慕需要持续增强产品力，组织更优秀的设计团队，在激发内部现有设计师团队的同时，需要吸引更多外部优秀的设计师为爱慕产品助力。

承担社会责任，创造并传递爱

一直以来，爱慕人把“创造美传递爱”作为自身的使命，在把设计时尚做工考究的内衣产品奉献给消费者，为消费者创造美好生活的同时，爱慕也在履行企业应尽的社会责任，开展扶贫、济困、赈灾等社会救助工作，开展关爱弱势群体、关注女性健康等公益活动。

2013 年，爱慕在 20 岁之际正式成立爱慕公益基金会，将公益事业常规化、正规化。基金会以义乳捐赠、捐资助学、人人公益为公益方向，将爱传播得更远、更广。

爱慕长期以来关爱女性健康。2018 年 10 月，爱慕与中国妇女发展基金会签约，确立了关爱女性健康的战略合作伙伴关系。截至 2019 年 5 月底，“粉红馨爱义乳”捐赠活动已覆盖 20 个城市，进行线下义乳捐赠活动及讲座 60 场，捐赠义乳市场总价值为 2,118 万元，并通过义乳捐赠帮助近两万名乳腺癌失乳女性重建了自信。

同时，爱慕也关注教育，于 2013 年启动了资助失依儿童和援建凉山乡村小学的公益项目。2014 年至今，共捐建了 7 所乡村小学；通过爱慕公益基金会，爱慕的员工、朋友、供应商资助了 340 名失依儿童进入寄宿制爱心班学习；截至 2018 年年底已在四川省凉山州援建了 7 所爱慕小学。

人们的消费意识不断升级，但“想要一件适合自己的好内衣”的诉求没有改变。爱慕公司始终秉承的提供满足消费者需求和更适合消费者内衣产品的两个理念从未动摇过。爱慕要在时代浪潮中洞察当今消费者的需求并提供相应的产品，不是一味地顺应市场，而是保持清醒，坚守自己的品牌理念。

课堂访谈

图 6　张荣明对话李小萌、连进

问题一：爱慕是如何理解当下的女性形象的？

张荣明：过去大家有一种观点，认为内衣是穿给别人看的。但是我从业这么多年下来，发现这个观点是完全错误的。女性购买内衣，是为了愉悦自己，绝对不是愉悦别人。

问题二：每个人对内衣的理解其实也在随着年龄的变化而改变，比如我

个人觉得，年轻的时候我会关注它的外形，但是随着年龄的增长，我会更在意舒适度、对形体的塑造等功能性的问题，想问一下您认为在预算有限的情况下哪方面更重要？

张荣明：消费者对于内衣也是有多元的需求的。但我认为，每个人不管钱多钱少，都需要在不同的场景下穿不同侧重的内衣。所以我个人认为还是应该要多准备几份预算，我觉得现在大多数人还是有这个预算能力的。

问题三：您认为女性内衣怎么穿才算正确？

张荣明：穿得对不对其实只有自己才知道。我是没有办法穿女士内衣的，所以我做了一些功课。平时我的工作就是跟这些内衣产品打交道，而且也会有很多的消费者跟我投诉。没穿对内衣是一件很糟糕的事情，比如说尺码没有选对、设计有缺陷、老是掉肩带，等等。现在的尺码标准已经有几十年的历史，其实尺码的标准测量法还是存在局限性的，所以爱慕目前也在研发新的测量方法。

问题四：内衣品牌与其他行业或 IP 进行跨界营销已然成为新趋势，爱慕也在 2018 年与凯斯·哈林进行过跨界合作。您认为跨界营销的关键是什么？在跨界的品牌 /IP 的选择上有哪些依据？

张荣明：爱慕现在也在尝试跨界营销。我觉得，首先内衣跨界合作比较有局限性。内衣是一种看不见的时尚或者说是穿在里面的时尚。和艺术家跨界，是让大家知道我穿着这样一件服装或者有这样一件衣服，但是内衣大家在里面穿，别人是看不到的。虽然有这样的问题，我觉得内衣还是可以跨界的，关键是要找到适合跨界的 IP 点。虽然内衣的时尚度可能没有时装那么直观，但是内衣文化是可以表达的。其次，我觉得跨界在消费者回馈层面是特别需要的。爱慕最近在苏州武江区建设了一个针对会员增值服务的精品客栈，刚刚营业。我认为回馈目前是远远不够的，爱慕也在进行更多的营销利益回馈。最近我们在谈两个跨界合作：一个是福奈特，一个是嘉禾一品。我想让我们的会员可以试着用积分兑换福奈特洗衣券，或者一碗入口特别舒服的嘉禾一品的粥。

连进：跨界营销现在是一个话题。跨界营销本质上来讲是借势，所以跨界借了这个势，一定要能够强化你的品牌定位和战略，不能为了做 IP 而做 IP。跨界不能太盲目，创新也不能太盲目，要围绕战略展开。

问题五：新零售为内衣行业带来了哪些变革？

张荣明：首先这是一件正在进行中的事情，应该说现在还没有标准答案。爱慕这两年也在实践与探索，我们跟腾讯和阿里也都有不同程度的合作。实际上现在大家都在尝试，大家都在等待着经典案例的产生。但是我认为不要太激进，很多事情还得摸索，有些技术还没有完全成熟，我们需要不断探索、不断实践。

问题六：您对未来内衣行业的发展走向有什么判断？您认为我们的内衣企业要如何在消费升级的红海中再找到机会？

张荣明：首先，内衣现在在向多元化、个性化发展，每个人都会选择适合自己的内衣产品。让所有的消费者都喜欢你这个内衣品牌是不现实的。消费者愿意尝试新事物，这种多场景或者多元的需求是一个常态。所以现在的趋势对爱慕是一个挑战，也是很大的机遇。因为我们有强大的研发功能，我们可以针对不同的需求去推出不同的产品。所以我相信现在的趋势恰恰是爱慕的机会。

连进：爱慕集团已经在多品牌、多定位的战略协同上布局未来发展的可能性，这种多品牌、多定位的战略协同作战，就是对未来的一种布局，我觉得这非常好。

讲座嘉宾简介

张荣明　爱慕品牌创始人，爱慕股份有限公司董事长、总裁，中国服装协会副会长，中国百货商业协会副会长，中国连锁经营协会常务理事。他所领导的爱慕公司被工信部授予“重点跟踪培育的中国服装家纺自主品牌企业”。经过 26 年的品牌营销实践和企业经营积累，他带领爱慕人通过实现对

“美”的追求和创造，传递着爱慕对消费者及社会的关爱。

特约嘉宾简介

连进 特劳特定位实战专家、原劲霸男装副总裁，深入研究定位理论多年，北大汇丰商学院特约讲师，深圳清华研究院工商管理研修班外聘讲师。2006 年出任劲霸男装股份有限公司副总裁，主导品牌建设和传播策略。在领导劲霸团队的 7 年时间中，他运用定位理论，成功地将劲霸塑造成为中国夹克第一品牌。

主持人简介

李小萌 资深媒体人、主持人、制作人、教育投资人。获得中国主持人最高奖“金话筒”奖，2018 年被《人物》杂志评为年度女性人物。大型父母成长类节目《你好爸爸》《你好妈妈》制片人、主持人。

把握商机 创业创新

赛菲尔珠宝从零到一的品牌破局

品牌如何从零开始走向成功？如何在日常生活中发现商机？在纷繁复杂的竞争中又该如何从同质化市场中脱颖而出？

2019年4月16日下午，深圳赛菲尔珠宝首饰有限公司董事长王义善来到中国传媒大学“企业创业与创新”公开课的课堂，从自己白手起家创立赛菲尔的故事说起，分享了他一路走来不断发掘探索商机、不断学习的经验，以及赛菲尔珠宝独特的品牌破局策略，为同学们献上了一场充满励志色彩的社会启蒙课。

图1　王义善在课堂上做精彩分享

精彩分享

从农村走出的黄金领军人

一个“馒头”带来的梦想

王义善 18 岁高中毕业被分配到了县供销社，摆脱了一日三餐只吃地瓜干饱腹的日子，王义善为每天都可以吃到馒头而真实地感到高兴。这个馒头让他产生了第一个梦想——在县城有一个家。

在县城安定下来成了王义善当时唯一的信念，他每天到得比别人早，走得比别人晚，勤勤恳恳，付出了多于旁人的努力，很快就实现了他的第一个目标——在县城安家。但是那个年代，“从农村出来”的身份依然会使他时不时地受到嘲笑和讥讽，无形的压力让王义善暗下决心，要凭借自身的能力和奋斗来改变命运并真正实现自己的价值。随着改革开放的春风席卷中国大地，个体私营经济犹如雨后春笋般兴起，一派全新的气象给年轻的王义善带来了巨大的内心冲击，自己做一番事业的想法开始在他的心中萌芽。

发现商机，踏上创业征程

1982 年王义善年结婚后，开始和妻子自己做饭生活，在做饭的过程中他发现，县城居民用的蜂窝煤比起当时农村的无烟煤不仅产生的烟少，而且烧饭速度也快，蜂窝煤因为在农村还未普及，开发空间巨大。于是王义善立即去淄博考察，回来后就和村支部书记商量，先帮村子里的村民用上蜂窝煤，继而在村里办起了蜂窝煤厂，以村为单位辐射周围，他算是找到了第一个商机，赚取了第一桶金。

后来王义善前往深圳置办住房，又在深圳看到了房地产的希望。当时深圳的房价还远远低于北京和香港，而基于香港和深圳的地理关系以及政策关系，王义善判断香港的今天势必会是深圳的明天，深圳的经济发展未来也将会超越香港。同时，深圳的人口正在急剧膨胀，土地供不应求，政府一系列改建城中村、打造高档住宅等利好信息也给了他极大的信心，王义善开始进军深圳房地产业。事实最终证明王义善的判断是准确的，他也由此获得了更多的资金储备。“商机是从日常生活的观察中得来的，并非刻意为之。但是一旦发现商机，就要全身心投入，不能犹豫，因为一旦犹豫就可能失去机会。”王义善是这样说的，也是这样做的。

全心投入，收获回报

1987 年，国内开始改革开放，物价大幅上涨，物资也相对匮乏，百货店和副食店的商品上架就会被一抢而空。王义善仔细分析了当时的政策环境和经济环境，觉得创业是条出路。

凭借原来在国营单位对木材业务的熟悉，王义善在说服妻子后，毅然辞去了国营“铁饭碗”，带着东拼西凑的两万块钱去东北开始经营木材生意。他每天起早贪黑地去各个林场搜集第一手资料，一段时间之后，他已经对各个林场木材的种类和价格了如指掌……那一年王义善赚了 15 万元，远远超过了最初盈利两万元的预期。

木材生意成功之后，王义善在考察项目中发现了蓝宝石的巨大前景，也自此正式进入珠宝行业。在王义善看来，这一路走来，他参与了很多产业，从百货副食到汽车配件，从建材到房地产，每次他之所以能获得成功，正是因为他相信一分耕耘一分收获，付出了更多的努力，就能得到比别人更多的回报。不论工作和学习都是如此，一旦掌握商机，就应当全身心投入，付出超越常人的努力。

赛菲尔珠宝的定位与未来

以毅力拼劲渡过创业难关，建立品牌

进入珠宝行业后，王义善创立了山东蓝天首饰有限公司，也就是赛菲尔珠宝的前身。创业初期的蓝天首饰只有 40 名员工，设计、市场推广、营销管理等各方面人才都处于紧缺状态。王义善作为厂长，身兼多职，事事亲力亲

为，既做销售人员又做司机，从潍坊到济南，每天都要往返三四个来回，一天要花费 14 至 15 个小时，困的时候就拧自己的大腿。在首饰厂成立之初的艰辛时期，王义善就是靠着这股毅力与拼劲儿，将赛菲尔珠宝顺利地发展了起来。

图 2　歌手李玟代言赛菲尔珠宝

以无焊料黄金技术创新，定位品类第一

企业要想在市场中站稳脚跟，就必须创新。针对黄金行业，赛菲尔珠宝主要采取了技术方面的创新，即创造让消费者戴上更健康、更时尚的首饰。2007 年，赛菲尔珠宝自主研发了“无焊料焊接技术”，让黄金纯度高达 999.9‰以上，获得了国家发明专利等 300 多项专利。一般人佩戴首饰之所以会皮肤过敏，都是由于焊料中的镉镍等杂质对皮肤造成辐射而引起的，而赛菲尔珠宝的无焊料黄金恰好解决了这一问题，无焊料黄金不仅品质更高、颜色更亮丽，还能对皮肤起到保护作用。更重要的是，这次技术创新使赛菲尔珠宝创造了一个黄金的新品类——无焊料黄金，这也令赛菲尔珠宝从市场中脱颖而出，建立起了自己的品牌。

企业要想建立品牌，首先要建立认知，让别人知晓品牌。根据定位理论，消费者一般只会对行业第一产生印象。建立品牌就是要实现品牌对某个品类的主导或创建一个品牌并成为品类第一，只有这样才能被消费者优先选择，从而取得成功。从实质上说，市场营销不是产品的竞争，而是认知的竞争。做好产品固然重要，但如果无法在消费者心中建立认知，就很难把品牌做大。

品牌一旦在顾客心中建立起来，就能无往不胜。赛菲尔珠宝创造的无焊料黄金环保健康，相比于其他珠宝，具有很大的差异性，因而在市场上大受欢迎，其产品在行业中的价格也是最高的。价格竞争是市场竞争中最艰难的竞争，恶性竞争往往会造成两败俱伤，因此必须在市场中寻找到一个品类，建立品牌，创造附加价值，这样才能使企业拥有健康的生命力。而只有企业获得了更好的发展，才能更好地去承担社会责任。

图 3　赛菲尔珠宝万足金广告二维码、大美中国风万足金婚纱系列展示

未来以社会责任为发展前提，奉献与发展

做企业的第一前提，就是要有社会责任感。很多企业有着众多的优秀人才，却无法获得成功，正是因为它们只追求利润，而不顾社会责任和人民健康，这样的企业难以走得长远。

因此，赛菲尔珠宝的未来和企业使命就是追求全体员工物质和精神的双丰收，给顾客提供更有价值的珠宝，创造美的体验，传递爱与幸福，为人类社会的进步与发展作贡献。赛菲尔珠宝将秉承“诚信精进，开拓创新，健康环保，感恩奉献，敬天爱人”的价值观，争做中国第一的珠宝品牌。

王义善以一个黑驴和白马的寓言故事，进一步印证了自己这一路打拼下来的创业历程和人生观念：

图 4　赛菲尔珠宝董事长、品牌创始人王义善

从前有一匹白马和一头黑驴，它们从小一起长大，是好朋友。一天，白马决定跟随玄奘法师去西天取经。它对黑驴说：我们一起去吧！驴说太危险，也太辛苦！走那么远不值得。

若干年后，白马得道回来，到磨坊找老朋友黑驴。驴已经老得走不动了，躺在那里喘气，精力旺盛的白马对将死的老黑驴谈起旅途的各种经历：浩瀚无边的沙漠、高耸入云的雪山、炽热的火焰山。黑驴费劲地听着听着，大为赞叹和惊异白马怎么能走如此遥远的路途！驴子说：“马兄，你真了不起！我连想都不敢想。”可是白马却说：“老弟，其实，我们走的路一样远！区别是我每天往西天前进，而你一刻也没有停地在磨坊围着磨盘原地打转。”

那么你的人生是像磨坊里的驴一样，天天在原地打转，还是如白马般不畏讥讽，走不平凡的路？我们要敢于不走寻常路，要多动脑筋、多想办法，为自己设定一定的目标，这样才能获得成功。

人生、事业的成功方程式

稻盛和夫提出了一个人生及事业取得成功的方程式，即“人生/工作的结果=思维方式 × 热情（努力）× 能力”。

一个人的能力，也可以说是才能、智商，包括健康以及这个人拥有的运动神经等，多半是先天的资质。热情，是指工作的干劲儿和努力程度，这是后天的要素，可由自己的意志来掌控。这两者是相乘的关系，并且能力与热情（努力）都可以在 0 分至 100 分的区间内打分。有能力却缺乏热情的人，分数不高，结果不好；相反，能力相对不强，但因意识到自己的不足而发奋努力，在人生和工作中充满燃烧般的热情，这样的人取得的成果，往往遥遥领先于那些有能力的懒人。因此，可以说，一个人即使天资不够，也能够通过努力得到很好的结果。

图 5 赛菲尔珠宝独家冠名《喜到福到好运到》节目

思维方式则是指人的心态、对于人生的态度，以及哲学、理念和思想等。思维方式可以在负 100 分到正 100 分的区间内打分，所以思维方式决定人生的结果。正确的思维包括积极向上、有感恩心、性格开朗、对事情持肯定态度、有同情心、勤奋、不自私等，因此只要思维方式是正确的，努力程度高，即使你能力较弱，也会获得很好的成果，未来业绩也会很高，这也决定了你的幸福指数会很高。

在王义善的人生准则中，作为人，何为正确？那就是要做正确的事，不撒谎，不骗人，不坑人，不给别人添麻烦，同时要建立自己的判断基准，将正确的事贯彻到底。

从人生的目的和意义来说，每个人都应该具备自我管理能力，不论是企业家、公务员还是组织里的管理者。俗话说："穷人乍富，挺腰腆肚；小人得志，不可一世；忘乎所以，忘恩负义。"有些人愿意花大价钱治病，却不愿意改变不良的生活习惯，一面希望身体健康，一面不节制地胡吃海喝，这就是由于缺乏自我管理能力而走上了歧途。

最后，人要有责任心，要对自己负责、对家庭负责、对企业负责、对组织负责、对国家负责、对社会负责。要勤奋地工作，满怀感谢之心。要行善思善，时刻反省，严格自律。今天要比昨天做得好，明天又要比今天做得好，每天都要付出真挚的努力。要不懈地付出，扎实地行动，诚恳地修道。在这个过程中，不断地磨炼灵魂、提升人格，就能体会到人生的目的、价值和意义。

课堂访谈

图 6　王义善对话李小萌、曹汝萍、周胜平

问题一：王总，您说到，年轻的时候要不惜代价，充满热情地创业，一天24小时连轴转都没问题，那么联系到最近热议的996问题，您认为现在的年轻人不接受996，要求有自己的生活，这和您说的有矛盾吗？要如何解决呢？

王义善：这个很好解决，要从心里解决。首先要搞清楚一个辩证关系，不是说“给多少钱，干多少活”，而是“干多少活，给多少钱”。我们付出得越多，价值越高，价格就越高。从劳动法来说，996是不对的，企业也不希望996，但如果是自己创业，你自愿选择996，则可以提升自己的价值，更容易获得成功。

曹汝萍：对于996这个问题，我觉得每个人成功一定有他成功的道理，所有的付出不是今天就可以显现的，看付出的同时还要看收获了什么，比如更多的知识或经验，这在未来的事业中对我们有更大的帮助，付出得多，未来的生活中呈现的东西也会更多。王总的创业经验让我很有感触，他在生活中发现了很多商业机会，在创业过程中不断创新每一条道路，而且每一次创业他都是成功的。所以我想问一下王总，在每次创业的过程当中，您是如何转换商业模式的？

王义善：我的经验就是只要你涉足一个行业，首先必须不断学习，掌握知识，就像开矿，一定要学习地质资料。我做汽车配件的时候，组建了一个汽车配件公司，我每天看书看到一两点，学习哪个设施最优、哪个设施质量最好，看得非常熟，这样才能很熟练地去给别人做介绍。虽然行业不同，学习的习惯和意识其实是不变的，背后的商业逻辑也是相通的。其次，必须付出实际行动，亲自动手，亲自干。

周胜平：我从王总今天的分享中，首先看到了一个父亲的责任，也就是我们父辈的打拼史。其次，是白手起家的奋斗史——作为一个成功的企业家，如何从无到有、从小到大地发展事业。

问题二：所以三位企业家共同的成功经验其实都是多一分付出，多一分回报。每天的工作是为自己而做的，是在给自己长本事。请问王总，为什么赛菲尔珠宝会起一个英译的名字？

王义善：因为我们最开始是在山东做蓝宝石生意，而蓝宝石的英文是

Sapphire，我们将它音译为赛菲尔（Sunfeel），更加时尚好听，同时这个英文名也给人一种太阳慢慢升起、充满阳光的感觉。

问题三：赛菲尔珠宝是否做过用户画像？你们的定位是什么？

王义善：赛菲尔珠宝用无焊料黄金切入市场，以该品类第一为定位，希望消费者一提到赛菲尔珠宝就跟无焊料黄金和万足金联系起来。以“第一”的身份切入市场，可以为门店吸引客流，有了客流量，才能通过店员的努力转化为成交量。我们现在是全品类品牌，也生产了很多针对 90 后、00 后年龄段的时尚的、小巧玲珑的产品，此外我们还有富有文化内涵的和针对婚嫁的系列，每个系列是针对不同人群切入的。

问题四：您刚才讲的经历很像《平凡的世界》里的孙少安，从农村出生，一样不断奋斗，晚上看书。不一样的是您的人生其实超过了大部分人平凡的经历，拼搏是每个人必须做的，但不是每个人都能获得您这样的成功。您在拼搏的过程中有没有困惑和挑战？有的话又是怎么克服的呢？

王义善：我的一生也有过一些困惑，比如刚参加工作的时候被人瞧不起的困惑，这也曾带给我非常大的压力。我觉得自己既长得不错，又有智慧和能力，为什么不能获得同等的地位，这让我觉得不服气。所以别人看不起你的时候，也会给你增加压力和动力。但人一定要学会承受压力，在压力面前培养动力。前几年我和一些企业家讨论时，他们说整天睡不着觉，我说你做企业，是为了幸福，为了家庭幸福，为了自己幸福，如果睡不着觉就不幸福了，你做企业的意义就不在了，所以我从年轻到现在，困难越大、压力越大，我越能睡觉，我睡完觉清醒了以后再考虑这些问题，这是我跟别人不一样的想法。我认为心态很重要，遇到困难时，实在考虑不明白，就跳出这个圈子，睡觉去，睡好了再考虑，这样成功的概率就高。

讲座嘉宾简介

王义善　深圳赛菲尔珠宝首饰有限公司董事长，从事黄金珠宝行业近 30

年，创立赛菲尔珠宝品牌，开创“无焊料焊接技术”，并荣获“中国黄金协会科学技术一等奖”，本人更获封“中国改革开放40周年珠宝行业突出贡献人物”称号。作为“无焊料黄金”的开创者，自创立“赛菲尔珠宝”品牌以来，秉持“品质第一”“更纯更有价值”的企业发展理念，获得了包括国家发明专利等近400多项行业专利。从山东昌乐到深圳，再到全国近2,000家品牌专卖店，他把“赛菲尔珠宝”打造成了家喻户晓的知名品牌。

特约嘉宾简介

曹汝萍 柏荟医疗集团创始人兼副董事长。

周胜平 北京豆果信息技术有限公司创新业务副总裁。

主持人简介

李小萌 资深媒体人、主持人、制作人、教育投资人。获得中国主持人最高奖“金话筒”奖，2018年被《人物》杂志评为年度女性人物。大型父母成长类节目《你好爸爸》《你好妈妈》制片人、主持人。

重新定义用户体验

蔚来汽车的体验营销新模式

当更多的行驶里程意味着更多的污染，当拥有一辆车意味着高额的养护支出和拥堵烦恼，我们为什么仍然需要拥有一辆车？在蔚来看来，汽车行业正在发生深刻的改变，“电动＋智能＋联网”理所当然是汽车未来的发展方向，但需要改变的不仅是产品和技术，真正的变革方向是如何重塑用户拥有汽车的体验。一辆温暖的汽车、一个蔚蓝的愿景、一种愉悦的生活方式，这些，才是这个时代背景下人们愿意拥有一辆车的理由。

成立于2014年的蔚来不仅仅是一家汽车公司，更是美好生活的创造者。在短短四年多的时间中，蔚来先后推出了四款极致的电动智能汽车产品，并在此基础上推出了一系列体验营销活动，在各地设立“蔚来”式生活的线下体验空间——NIO House，带领车主们一起体验看山观星、感知天地的在野生活……蔚来不断重塑着汽车行业的用户体验，以为用户创造愉悦的生活方式为使命，将汽车变革为超越代步工具的美好生活的载体。

图1　秦力洪在课堂上做精彩分享

2019 年 3 月 12 日，蔚来汽车的联合创始人及总裁秦力洪来到中国传媒大学“企业创业与创新”公开课的课堂，立足时代背景，结合企业成长之路，阐述了蔚来如何创新汽车产品的体验营销，打造美好的“蔚来式”生活。

精彩分享

顺应时代变革，蔚来为美好出行而来

行业迎来变革：以技术赋能用户体验

从 1998 年到 2018 年上半年，全球市值最高的十大公司中，以石油公司、大型制造业和金融企业为主的格局发生了巨变，苹果、阿里巴巴、腾讯等新兴科技企业迅速崛起并成为主流，重资产、长历史的传统行业公司骤减到只有埃克森美孚一家。

蔚来敏感地捕捉到了这一时代的变化趋势，它发现新上榜的公司都具有一个共同点，即它们都通过技术手段重塑了各自所在行业的用户体验，比如 Facebook 改变了人和人交流的方式、谷歌改变了用户获取信息的方式，这些科技公司联合起来改变了用户和世界交互的方式，以及用户使用产品的根本体验。

硬件和技术都可以迭代，但一代技术最终能战胜另一代技术背后的原因，在于它改变了人的体验，迎合了用户体验的本质需求——人是天生喜欢便利、喜欢富裕和繁荣、喜欢得到认可的。因此在用户端改变用户体验是重大的商业契机，新技术的出现只是为商业契机赋予了更多的可能性。

蔚来放眼全行业，以情感体验和技术创新为标准对各大代表性企业进行了衡量，建立起了一个用户体验变革的新模型。它由横坐标和纵坐标构成。横坐标是与创新技术的关联度，越往右越强，越往左越弱；纵坐标则是对人的体验的分类，往上是情感体验，往下是功能体验。由此构成的四大象限，从右上角逆时针出发，分别为：以高技术改变情感体验的第一象限；非技术性体验提高的第二象限；以功能性为主且创新技术相关性低的第三象限和通过技术迭代引起功能体验变化的第四象限。

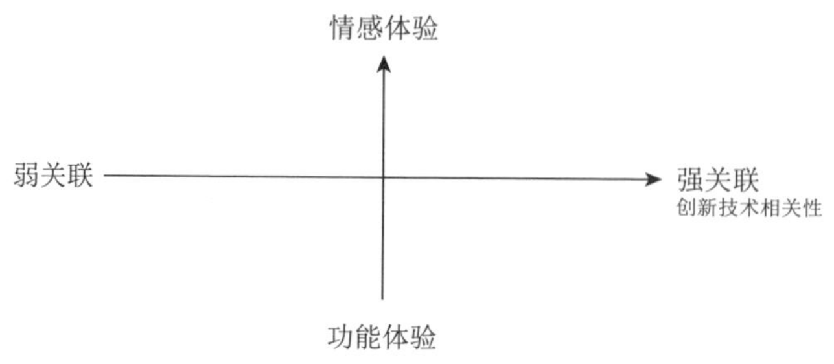

图 2 用户体验的四象限模型

若以“建筑”来做比喻，第三象限相当于房子的地基，地基必须要打牢。第四象限相当于楼体，需要高强度的钢筋和新的建筑技术才能把楼盖高。但这个楼要想让人感觉赏心悦目，就需要感性的装修，即第二象限。而真正的体验是什么？是最终要使这个房子成为用户的家，这就是第一象限，也是真正变革的方向。

在如今的各个行业中，能够位于第一象限的企业包括重新定义了手机、赋予手机品牌理念和创造精神的苹果；在满足用户的住宿需求之外，帮助用户丰富人生、探索世界的爱彼迎（Airbnb）；以红包功能让用户能在支付过程中构建社交关系、拥有愉快情感体验的微信支付……它们都通过强技术的创新重塑了各自的用户体验，并脱颖而出，成为行业的领跑者。

蔚来已来，致力于美好生活

秦力洪说:“蔚来的商业本质是用户为体验买单，企业靠效率挣钱。”蔚来的董事长李斌希望蔚来的产品在用户端和用户界面等方面给用户提供超越期待的体验，包括产品、品牌、服务和情感体验。公司在企业的运行和组织方面要通过创新来提高效率，而不是通过牺牲消费者体验来挣钱。因此，蔚来的目标就是要成为汽车行业第一象限的代表企业，以创新的智能化电动汽车为载体，为用户带来不一样的情感体验，从而构建一种美好的“蔚来”式生活。

基于体验变革的时代背景，2014 年 11 月，蔚来汽车在上海安亭镇国际汽车城诞生了，带着对美好出行的愿景，蔚来在这里成立了全球化的智能电动汽车公司。直到2016年，蔚来才举行了第一次发布会，发布了其英文品牌“NIO”及其全新Logo。蔚来，寓意为“Blue Sky Coming”，英文名NIO则取意于“A New Day”，即新的一天，其标志由象征着开放、未来的天空，以及象征着行动、前进的道路组成，完美诠释了蔚来的品牌理念。

图3 蔚来Logo

蔚来向全世界勇敢地发出了新声音：蔚来已来，致力于创造更美好、更可持续的明天。蔚来将通过设计、联合制造和销售智能联网的高端电动汽车，推动新一代汽车科技在技术互联、自动驾驶和人工智能方面的创新，以此来打造极致的用户体验，为用户创造愉悦的生活方式。

打造“蔚来”式生活的极致载体

以高技术打造产品附加体验

产品是用户体验的载体，是创新体验最基础的一环。将好的体验附加到产品之中，能够对产品起到“画龙点睛”的作用，提高用户对产品的质量感知。

2016年11月，蔚来于伦敦举办了成立以来的第一次发布会，并发布了完全自主研发、设计、制造的全球最快的电动汽车EP9，其强劲的动力、先进的空气动力学及突破极限的操控性，可以为驾驶者创造不可思议的3G

重力加速度体验。更为重要的是，EP9 适用的最新无人驾驶技术——蔚来“Know-Me”是基于人性化交互设计理念设计而成的，这使其在数字交互和即时分享方面都将给用户带来愉悦的体验。这款创造纪录的电动超跑一经亮相，便显示了蔚来这个新兴品牌不俗的研发实力，在消费者心中建立起了兼具极致性能与人性化体验的高端品牌形象。

紧接着，在 2017 年，蔚来在美国得克萨斯州推出了概念车 NIO EVE——一个无人驾驶的移动生活空间。EVE 以“第二起居室”为设计理念，通过全景座舱、智能全息屏幕等交互技术，实现了车、人、环境的融合，使用户能够充分享受愉悦自由的出行时间。EVE 发布的“NOMI”人工智能伴侣系统，还可以持续学习用户的习惯与兴趣，根据不同使用场景来满足每个人的个性化需求。从给予人空间的自由到解放人在车上的时间，从与环境对立到融入环境，从纯粹的机器到有情感的伙伴，蔚来 EVE 向消费者进一步展示了蔚来的汽车理念。

2017 年年底，ES8 的正式上市对蔚来而言是一个新的起点，这款定价 50 万元的七座高性能 SUV 是蔚来的首款量产车，它填补了中高端市场无人驾驶汽车的空白，并于 2018 年正式向大众交付。2019 年年初，蔚来又推出了售价仅 20 多万元的高性能、长续航的 ES6，开始将目标转向更加年轻的消费市场。但不论是 ES8 还是 ES6，它们都延续了蔚来一贯以来对安全、强劲性能、驾控和乘坐体验以及人车情感交互的极致追求。

四款高性能电动汽车产品的推出为蔚来进一步创新用户体验提供了高品质的载体。此外，蔚来以无人驾驶以及人工智能等高科技进一步赋能体验，为产品创造了驾驶之外的情感性和交互性的附加体验。

能源网+服务车，用服务传递体验

服务是企业展示和传递体验的天然平台。对于新能源汽车企业而言，除了做好汽车，更重要的是保障能源服务。秦力洪表示，现今，汽车公司要做新能源，就必须也要成为能源服务公司，光做车是不行的。

在 2018 年的首届蔚来日“NIO Day”上，伴随着 ES8 的发布，蔚来还推出了全球首创的电能服务体系 NIO Power，提出了解决电动车充电问题的新方案——“车、站、桩、人、云”五大模块组成的智能分布式网络。

“车”即移动充电车，蔚来汽车可以边运行边充电，充电 10 分钟即可续航 100 公里；“站”指换电站，用户在站内 3 分钟就能实现电池更换；“桩”指充电桩；“人”是道路服务团队的服务人员；“云”则是基于云服务和大数据的蔚来能源云，它将把充电桩、换电站、充电车、电池、蔚来汽车、蔚来专员和用户连接成一个智慧的能源互联网，做到一键充电，能量无忧。这五项技术的达成，大大增强了蔚来汽车产品的可用性。截至 2019 年春节前，蔚来在市场上的车辆保有量约 13,000 辆，其中有 4,000 辆左右在春节期间进行了跨省的长途运行，春节 15 天一共跑了 1,500 万公里。

同时，在售后服务方面，蔚来还配置了移动服务车，当用户需要服务时，无须自己去找服务中心，服务车会主动寻找用户。蔚来不断完善的智能化能源网络和主动的售后服务解决了新能源汽车普遍存在的续航问题和汽车产品售后难的问题，给予了车主们极具保障性和便利性的服务体验。

解构用户触点，创新情感体验

蔚来的体验营销不仅在于它对极致产品和服务体验的打造，更在于其以产品为素材所进行的一系列情感体验的创新。蔚来通过解构用户触点，从生活情景出发，以多样的体验式营销不断向受众传递和深化愉快生活的品牌理念，从而将品牌本身演化成一种美好生活方式的象征。

因此，对作为蔚来目标客户的中产精英消费群体来说，高性能的汽车产品固然是吸引他们消费的原因，但更重要的还是蔚来能够带给他们愉悦的用车体验和不同的生活方式。

以用户行为地图解构用户触点

创新用户体验的第一步是拆解用户体验。拆解的第一步，是要忘掉商业模式，清空卖方立场，回归用户视角，接着以用户行为地图去解构用户触点。具体而言，用户行为地图就是要把用户，包括中途退出的用户群体，从认知到参与体验、购买产品、享受服务的整个过程中产品与用户的接触等做成思维发散图，从而寻找每一个环节的触点。

以汽车行业为例，一个“完整的拥车体验”包括用户认知、互动、购买、使用和生活五大环节，每个环节都能引申出不同的体验点，蔚来总结出了上百条定义，但实际上，“完整的拥车体验”有 7,000 多条，可能是所列条目的 100 倍。

完整的拥车体验

01 丨认知	02 丨互动	03 丨购买	04 丨使用		05 丨生活
员工形象	线下活动	外观颜色	产品质量	AI Companion	车友间的互动
邀请与回馈机制	移动应用APP	内饰材质	加速性能	自动驾驶	用户中心
……	会员奖励体系	购买价格	操控性	座位布局	免费观看演唱会
	……	个性化定制	车内空间	结构安全	航空里程积分加倍
		……	分布式换电	……	……
			无忧维修		
			紧急救援		
			儿童关怀座椅模式		
			极致易用的储物空间		

图 4　完整的拥车体验

事实上，改变用户体验，着力点往往来自各个环节中的“小事”，即使是最显而易见的“价格”，都可以延展出很多关于用户体验的思考。所以在寻找用户体验时，企业特别要注意去挖掘用户痛点之外的细枝末节，发现用户感性的爽点和痒点。比如，蔚来在 2017 年年底上市的 ES8 将副驾驶座配置为“女王座驾”，椅子可以推到后排。这个设计背后的原因，就是蔚来考虑到妈妈往往既要和爸爸说话，又要照顾后排的小朋友。

2017 年，蔚来首次亮相上海车展，在这个寸土寸金的展会上，蔚来为了照顾当时来到车展的一两百位小朋友，搭建了一个几十平方米的亲子中心，并邀请了优秀的幼教老师入驻，这也是上海车展历史上第一次有汽车品牌搭建亲子中心。蔚来之所以这么做，并不是为了展示概念，而是希望亲子中心的观众看到，哪怕他没有带自己的小孩到现场，也能感受到蔚来关爱用户的企业文化和价值观。所以，所谓用户体验创新，应该在痛点以外在与情感体验相关的细枝末节上去着力。痛点是每个人都很容易想到的，但我们对这种情感体验的细节的想象是难以穷尽的，而这其中就蕴藏着真正变革的机会。

构建生活场景，拓展体验空间

愉悦生活，不止于车。蔚来从生活情境出发，突破了汽车只能当作出行工具的属性，在汽车之上和其衍生出的体验中心中构建起了“蔚来式”的生活场景，从而拓展了用户的体验空间。

2018 年 6 月，蔚来和京东合作，开启了“快递到车”专属服务，进一步把蔚来汽车变成了一个可以实现快递收取功能的移动生活空间。蔚来 ES8 车主只需在蔚来 App 内绑定京东账号，就可以享受将购买商品一键配送到后备厢的愉悦体验。通过车辆定位，被授权的快递员可以在无钥匙的状态下打开汽车后备厢，在限定时间内将包裹放入汽车后备厢。后备厢被开启后，蔚来 ES8 会启动监控以保障操作安全。

图 5　NIO House 展示图

除了把汽车产品本身打造成用户的“第二起居室”外，蔚来还对得到的用户触点进行了观察，发现在销售和售后阶段，如果由经销商提供服务，会造成传统车企和车主之间的接触缺失。因此，蔚来在全国数十个城市建立了可以让用户体验“蔚来”式生活的线下空间——蔚来中心 NIO House。不同于传统的 4S 店和汽车展厅，蔚来中心致力于为蔚来用户营造一个属于自己的生活方式社区。在这里，蔚来的用户可以与工作伙伴进行头脑风暴，可以和朋友举办分享会、生日派对、个人音乐会，甚至可以开设属于自己的瑜伽课堂，也可以预约参与大咖演讲、设计、生活方式、极速赛车等主题的活动和体验。客厅、图书馆、亲子中心、会议室和共享工作空间等七大核心功能使蔚来中心 NIO House 成为蔚来车主在全国各地的“家”。

倡导生活理念，与消费者产生精神共鸣

倡导生活理念，实际上是消费升级趋势下的必然产物，消费升级不仅是物质的升级，更多的是理念和精神的满足。因此，除了通过在车内车外构建生活场景，让用户可以沉浸式地体验到“蔚来”式的生活外，在精神层面，蔚来还深入个体，拓展边界，通过渗透进时尚、演讲、公益等用户的兴趣领域，倡导品牌的生活理念，让用户和品牌产生共鸣。

图 6　NIO Life EXTREME 系列

首先，蔚来于 2018 年 4 月成立了原创生活方式品牌 NIO Life，将车文化进行了生活方式上的延展，蔚来希望通过汇聚全球的设计力量，创造有态度、有故事、有设计的商品，从而向用户传递愉悦生活的理念。对于那些暂时不买车的消费群体而言，他们也可以购买 NIO Life 品牌的其他产品，从而

逐步培养起对蔚来的感情和品牌认同，让汽车这种低频消费品产生用户高黏性。同年 10 月,NIO 还携手世界著名设计师 Chalayan 登上上海时装周的 T 台，以纯电动超跑 EP9 为灵感，推出了 NIO Life EXTREME 服饰系列，以时尚的形式展现了蔚来对极致快感生活的追求。

演讲，是传播理念的重要方式，因此蔚来打造了一个类似于 TED 演讲的灵感讲堂——NIO Seeds，以此来与用户分享有趣的观点、新知与灵感。NIO Seeds 最早诞生于 2016 年 3 月，当时仅是一个面向蔚来全球员工的内部讲演平台，如今已逐渐发展成免费提供给普通观众，且将在蔚来 App 公开直播的产品。2018 年，NIO Seeds 更成了每个 NIO House 的常设活动，覆盖人数超过 2,200 人，演讲者包括新东方创始人俞敏洪以及诺贝尔奖获得者、经济学家等众多国内外的行业领军者。

对美好、可持续生活的追求，也指引着蔚来在公益领域持续发力。蔚来希望通过品牌活动与用户分享更健康的生活理念。2019 年国际妇女节，IWD（International Women's Day）公益平台推出年度主题 #BalanceforBetter#，旨在全球范围内号召更多的人关注创造平等美好的世界，倡导当代女性在社会中平衡好不同领域和角色之间的转换，为世界更加美好健康地运转做出贡献。在此期间，蔚来主动联合 IWD，以品牌影响力号召粉丝及车主在其 App 平台参与官方话题，用创意的方式晒出打开双手的照片，以平衡的姿态代表 Work Life Balance，或是找到内心平衡的美好期许。此外，蔚来还联合多位不同行业的 KOL（Key Opinion Leader，关键意见领袖），共同推出系列主题沙龙，和用户共同探讨更平衡的生活方式。

建立情感联系，形成体验营销闭环

让用户和品牌产生情感共鸣的深度沟通，从而产生品牌认同，建立起情感联系，才是体验营销的终极目的。在和用户的沟通上，蔚来不局限于单向输出，从线下到线上都和用户保持着积极的互动，从而形成了完整的体验闭环。

在线下，蔚来通过品牌日活动来增强用户的品牌忠诚度和品牌认同感。每年的 12 月 16 日是蔚来的 NIO Day。相比于一场汽车发布会，它更像是蔚来与用户朋友们的年度聚会。在 2017 年、2018 年的 NIO Day 上，蔚来还分别请来了美国摇滚乐队梦龙乐队和风靡全球的歌手布鲁诺·马尔斯助阵，现场表演精彩纷呈，蔚来与用户一起在音乐中分享快乐，共同成长。

在线上，蔚来通过 NIO App 打造了一个集服务、社交、媒体、商城等属性于一体的用户社区。除了新车预定、专属服务等基本功能外，蔚来还构建了独特且优质的内容体系，用户可以在这里探索有品位的趣味生活，分享精彩的点滴感动，还可以通过打卡、转发、发帖来获得积分兑换权益。与此同时，NIO App 还是一个公开透明的社区，社区中记录了很多蔚来用户的真实反馈，是蔚来对外开放的信息源之一。

除了积分之外，蔚来还在 2018 年推出了一个全新的社区体系——蔚来值。不同于积分，蔚来值记录每一位用户对蔚来社区的贡献，体现的是用户在蔚来社区中获得的成长。在一个汽车产品的 App 上，蔚来创造了用户和品牌进行情感交流的平台，更构建了车主间的社交社区，从而能够拥有 20 万的日活跃用户。高度的互动性和丰富的 UGC 资源，大大增强了用户和品牌间的情感联系，使汽车这种低频次的消费品拥有了高频次的用户触点。

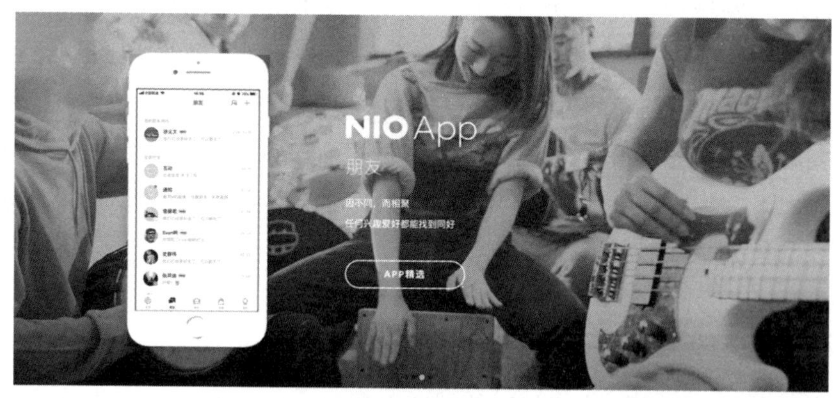

图 7　NIO App

在“技术赋能体验”至上的当下，蔚来不断朝用户体验模型的第一象限奔跑着。通过技术创新，蔚来创造了产品和服务层面的极致功能体验，更突破了汽车的物理边界：通过解构用户与品牌的触点，紧紧抓住每一个情感需求的细节，创新用户拥有一辆车的情感体验。蔚来对移动生活场景的构建以及与用户进一步的精神和情感沟通，使其不仅塑造了用户体验，更塑造了生活、塑造了未来。蔚来让用户看到，美好的明天正在来临。

课堂访谈

图 8　秦力洪对话李小萌

提问一：新能源汽车作为重工业类的品类，驾驶体验仍然是最为关键和基础的，因为它能够带给我可信赖感、安全感等。您认为蔚来汽车与爱彼迎（Airbnb）等服务行业所提供的体验能够进行同等比较么？

秦力洪：情感和功能体验不是互相排斥的，而是相互支撑的。对于车来说，驾驶的感觉就是一个很重要的情感体验。类似于宝马这样的品牌主打的就是驾驶体验好，那这个好的驾驶体验也是建立在功能的基础上的。

我们对汽车的驾驶体验的基本感受进行解构，可以看到几十个功能利益点，其中包括快、安静、稳、换挡舒适、能源转化效率高等很多项，而电动车在多项性能中的表现是非常优秀的。当然，目前电动车有一个做得还不够好的地方就是续航能力，这也是整个电动车行业面临的挑战。但是等待整个电池行业的进步是等不起的，所以我们在电池技术还不成熟的时候就进入了这个行业。那么怎么来弥补续航里程不足的问题呢？用更好的服务体系来弥补，例如通过在高速公路的服务区更换电池，或者通过每 200 公里设立一个换电站的形式来弥补。

提问二：为什么蔚来把精力放在公关、销售和汽车的设计上，而不是更加注重技术方面的问题，比如说电池的续航能力，等等？

秦力洪：我觉得市场的开拓、用户服务以及质量保障等是同样重要的。一个健全的品牌和企业就像一个人一样，人都有五脏六腑，我觉得很难去问一个人身上哪个器官更重要，因此说不要偏废，可以齐头并进地往前走。做产品遵循的是短板理论，如果电池或底盘任何一个环节有问题，这个产品就不行了；但在展现给公众的创新层面上，则要遵循长板理论。特斯拉的长板特别长，它创新了自动驾驶、OE 门[①]等技术；但同时它也存在很多短板，如座椅薄、感知质量不高等。因此，可以说短板奠定综合水平，而长板则决定成就。

提问三：前一段时间蔚来出了一个带有黑色幽默的新闻，一个车主在长安街上进行车辆升级，导致车辆停滞了一个多小时。您是如何看待这件事情的呢？

秦力洪：这是一个真实的事件，这件事给大家提供了很多娱乐性。虽然从发起升级到开始升级的时间里，一共有四个需要确认的步骤，但是它依然发生了。其实这个故事是在告诉我们：一个新东西在从小众走向普及的过程中会经历各种各样的事，我们依旧用很轻松的心态去看待创新创业过程中出现的奇闻轶事。

我觉得这件事情没关系，但车辆居然像手机一样可以升级了，这个很好玩儿。过去我买了一辆车，它只会越来越贬值和老化，它的变化除了自己改装之外，就是褪色、老旧、生锈。但智能汽车会变得越来越聪明，并且还不需要付钱。智能手机普及到 2019 年一共才 8 年的时间，我们坚信智能汽车的潮流一定会兴起，可能不是 8 年，也许是 18 年，我不知道。但是我们这些创

① 鸥翼式车门，即车门的铰链在顶棚，因车门向上开启形状好似翅膀而得名。

业者要做的就是忍受初期的寂寞和嘲笑，把它给做出来。坚持做先驱，不做先烈。这些是我们创业者质朴的想法，我们觉得点点滴滴都很有趣。

提问四：当我们使用苹果的产品的时候，就会联想到乔布斯；当我们提到特斯拉的时候，也会想到它有一个科学狂人的创始人。那么蔚来有没有想过做一个人设与品牌相关联？蔚来的创始人李斌为什么不把自己包装成一个科技狂人，而是将自己定位成一个脚踏实地的企业家呢？

秦力洪：我觉得李斌做网红还欠了点，他不太具备红的特质。我们当然认为一个品牌需要给大家一个自然联想的形象，但是我们最后决定蔚来的品牌自然联想不应该是任何一个自然人，我们希望大家想到蔚来会想到 NIO House 和 NOMI。未来我们也会花精力去构建一个品牌和消费以及车辆使用的场景，我们希望这个场景成为我们的代言人。

提问五：蔚来交车第一年亏损 96 亿元，您是如何看待这件事的？

秦力洪：这说明我们融资能力强。做汽车整车研发及制造是一个 200 亿元以上门槛的行业，初期一定是亏的。从 0 到 1 做汽车的研发、制造、营销、品牌，如果第一年就赚钱了，这个车一定不要买。其实，对于初创公司，用亏损去衡量是不合理的，因为这是一个绝对投入期。去年是蔚来第一年交车，而整个亏损反映的其实是三年多研发的投入。给大家举个例子，就像同学们上了十几年学，工作的第一个月把工资拿回家，假设是 5,000 元。然后你的父母、邻居说，瞧你上学亏的，这些年交了这么多学费，就拿回 5,000 元。看待一个企业的生命周期是 5—8 年，因此一定要过了这个生命周期才能去看企业是否亏损这件事情。

讲座嘉宾简介

秦力洪　蔚来联合创始人及总裁，在品牌战略发展、市场传播和商业发展领域拥有 15 年的管理经验，于 2008 年加入龙湖地产有限公司，并担任公司执行董事兼首席市场官。在汽车、娱乐、电信、电子消费产品、快销和零售产业等多个领域均有建树，曾担任过奇瑞汽车销售有限公司副总经理，还曾在广州宝洁有限公司和罗兰·贝格国际管理咨询有限公司担任过重要职位。拥有北京大学国际关系学院法学学士和法学硕士学位、美国哈佛大学肯尼迪政府学院公共政策硕士学位。

主持人简介

李小萌 资深媒体人、主持人、制作人、教育投资人。曾获得中国主持人最高奖“金话筒”奖，2018 年被《人物》杂志评为年度女性人物。大型父母成长类节目《你好爸爸》《你好妈妈》制片人、主持人。

海陆空立体营销战略

神舟电脑的立体营销战略

改革开放以来，我国的民族企业经历了飞速发展的阶段，计算机行业也从萌芽走向成熟，目前我国已有数十家成熟的国产电脑企业。神舟电脑于 2001 年在深圳成立，18 年来走出了一条从创立品牌到自主研发的发展之路，成为一家集研发、生产、销售为一体的民族高科技品牌，实现了快速而稳健的发展目标。那么神舟是如何敏锐地抓住时代的痛点，把握营销趋势，成功地成为民族品牌的代表企业的呢？

2019 年 3 月 26 日，深圳市神舟电脑股份有限公司董事长吴海军先生来到中国传媒大学“企业创业与创新”公开课的课堂，结合亲身经历，放眼中国营销变革，分享了神舟电脑成功打造的民族品牌的“海陆空”立体营销模式。吴海军称：“现在要打造一个品牌，一定是靠立体营销。”所谓立体营销，就是指全方位的营销，从公司的各项能力综合去看，它包括研发能力、生产制造能力、供应链管理能力、电子商务能力、财务实力甚至公关能力等各个方面。

图 1　徐海军在课堂上做精彩分享

精彩分享

把握时代浪潮，诞生神舟品牌

20 世纪 90 年代，我国的计算机行业进入起步阶段，国内逐渐掀起了第二次产业浪潮——电子产业兴起，并涌现出了一批优秀的民族电子品牌：联想、神舟、方正、华硕、华为、中兴，等等。吴海军早年因售卖电脑配件积累了大量的经验和知识，从而窥见了组装电脑市场的重大商机，他把握住了 20 世纪 90 年代消费电子崛起的浪潮，利用低价策略打开了中国电脑市场并快速占领了一席之地。

以拼搏的精神积淀创业资本

中国电脑市场品牌多如牛毛，市场信息瞬息万变，各个细分市场的状况极其复杂，但神舟电脑 18 年来一直在电脑市场上占有重要的一席之地。吴海军在谈到他成功的秘籍时，很谦虚也很自信地说："主要靠对市场的理解和把握，加上勤奋和努力。"

回忆起自己的创业历程，吴海军很是感慨。1984 年，他从如皋师范中专毕业后被分配到一所乡村小学任教。1988 年，他顺利通过江苏省大专升本科考试；1991 年，他一鼓作气，考取了东南大学动力工程专业的硕士研究生。1994 年 5 月，在撰写毕业论文期间，一个偶然的机会，吴海军被派到深圳中国航空技术公司工作，3 个月后，到福建中银出任销售总监。在群雄征战的电脑市场，他开始了自己的商业策划。凭借深厚的专业造诣和长期以来对计算机事业的热爱，1995 年，他到深圳创业，在赛格数码城租下了一个小柜台，开办了一家名为"新天下"的电脑公司，主营业务是售卖电脑配件，并推出"小影霸"品牌。最初，这个品牌是用在电脑的解压卡上的，就是大家俗称的电影卡。作为当时市场上唯一的中文品牌，小影霸电影卡立即成了抢手货，仅 5 年时间，新天下的销售规模就达到了 10 个亿，成为电脑配件行业的领头羊。初战告捷使吴海军大为振奋，也坚定了他向生产、研发更高层次进军的决心，这段经历为他日后进军电脑整装市场、创立神舟品牌打下了坚实的基础。

把握产业浪潮，缔造神舟品牌

改革开放以来，中国的产业经过了四次产业浪潮：第一次产业浪潮是家电产业的迅速崛起，成就了很多家电产业的明星企业；第二次产业浪潮是电子产业的兴起，比如电脑、手机等电子产业；吴海军通过售卖电脑配件运营自己的新天下电脑公司，其间，他积累了大量电脑行业的知识和资源，观察到了组装电脑市场巨大的商机。一次偶然的机遇，吴海军低价购入了一批奔腾 CPU[①] 用以装配电脑整机，以低成本高销量的方式成功打入电脑整机市场，把握住了第二次产业浪潮；第三次产业浪潮是互联网产业的兴起，在过去的十年中，迅速崛起了很多优秀的互联网企业，比如阿里巴巴、腾讯等；第四次产业浪潮，或者说正在兴起的浪潮是服务产业。现如今，中国经济发展迅速，大众的消费心理和消费行为都在改变，日益重视体验消费。所以为大众提供服务体验的产业会迅速崛起，比如滴滴打车、海底捞，还有一些连锁的名牌酒店、民宿酒店、旅游服务公司等。

洞察市场，依托卖点营销并占领市场

吴海军认为，中国的营销历史，从改革开放到现在，这 40 余年间走过了四个阶段——**朴素营销→卖点营销→概念营销→立体营销**。

第一阶段是在 20 世纪 80 年代。当时的营销，叫作“朴素营销”。那是一个产品供不应求的时代。80 年代，好的东西都是稀缺的，比如 80 年代的四大件：收音机、自行车、缝纫机及手表。只要一家企业有了好东西，大家都争相购买，根本不需要打广告。因此，朴素营销阶段根本不需要刻意去“营销”。

第二阶段是在 20 世纪 90 年代，是卖点营销时代。这时市场上相同的产品已同时出现了好几家供应商，所以这个阶段的营销要吸引消费者的注意，需要企业推出产品的卖点。就像“神舟”这个名字的来源，1999 年 11 月，中国“神舟一号”飞船飞天成功，成为全中国人民的骄傲，吴海军看到报道后，非常激动与自豪，也感受到了一丝商机——一个强大的民族品牌将要崛起。

① CPU，又名中央处理器，英文为 Central Processing Unit / Processor，是电子计算机的主要设备之一，电脑中的核心配件，其功能主要是解释计算机指令以及处理计算机软件中的数据。电脑中所有的操作都由 CPU 负责读取指令，CPU 是对指令进行译码并执行指令的核心部件。

第二天他就立即把“神舟”申请注册成了电脑商标，并顺势创立了神舟电脑品牌，以期打造属于中国人自己的电脑品牌。除了将品牌名字与令民族骄傲的神舟飞船捆绑在一起，创造品牌的卖点外，神舟电脑的第一条广告“4,880，奔 4 提回家”，也是卖点营销的典型案例。神舟电脑将自己捆绑在神舟飞船上，在中央电视台等媒体的助力之下，迅速腾空崛起。2002 年春节期间，神舟电脑在中央电视台投放了第一条广告，“4,880，奔 4 提回家”的广告语使神舟电脑变得家喻户晓。广告直指神舟“奔 4”系列的卖点——售价仅 4,880 元，当时所有奔腾的电脑都要 1 万元左右才能买到，而神舟的奔腾电脑只需要不到一半的价格。广告吸引了大众的注意，神舟电脑迅速打开了市场。神舟电脑公司成立之初，通过组装电脑配件，大大降低了产品成本，给中国的消费者带来了实惠。短短几年间，神舟电脑一飞冲天，每年销售电脑近 300 万台，销售额超 70 亿元，一举成为仅次于联想的国产自主电脑品牌。

第三阶段是在 2000 年后，国内各品牌开始崛起，迎来了概念营销阶段。在概念营销阶段，企业需要创造一个概念，再告知消费者，该产品是概念产品中最好的选择，进而培养消费者的认知和需求。

第四阶段是现在，为立体营销阶段。单靠概念不一定能把品牌做好，或者单靠把产品的质量做好也不一定能把品牌做好。本阶段的营销，是从研发、生产、供应链系统到民族文化、公关能力、财务实力、电子商务能力等“海陆空”全方位的立体营销，只有各种能力都具备，才能打造出成功的品牌。

图 2　营销四阶段图

自主研发升级，民族品牌崛起

随着计算机技术的发展，电脑配件的成本逐年降低，电脑的售价也逐年下降，采取低价策略的神舟电脑逐渐失去了自己独特的优势。归根结底，技术研发一直是计算机行业的核心，只有掌握了核心科技，不断研发新的产品，品牌才会具有生生不息的活力。吴海军表示，神舟电脑坚持自主研发和生产有两个目的：第一，使其在成本上比竞争对手低 5% 左右；第二，可以前瞻性地把握市场的动向，从而在市场时机上争取主动。

让自主研发和品牌价值成为产品利润的增值点

产品利润分为四层：研发、生产、销售和品牌。

在这四种利润当中，研发利润和品牌利润是人类通过智慧劳动创造的利润，具备高附加值，需要很多的创意和智慧；而生产利润和销售利润主要看规模和管理，附加值较低。

通过组装配件进行低价售卖的神舟电脑虽然迅速在中国电脑市场占据了一席之地，但这并不是长久发展之道。一家电脑企业，如果没有掌握核心科技，命运就总是掌握在他人手里。自神舟电脑创立以来，吴海军就一直在探索自主研发之路，神舟电脑每年会强制性地把公司销售额的 2% 用于研发。2004 年 8 月，神舟电脑实现了笔记本电脑自主生产，不再简单地购买配件进行组装。经过近两年的努力，神舟电脑在笔记本电脑的关键部件——主板以及结构模具上实现了自主研发和生产。神舟电脑开创自主研发之路，提升了神舟品牌的附加值，使其逐渐从以往的低价模式中脱离，发展成为具有自主研发能力的高性价比电脑品牌。

民族品牌肩负着让消费者认同民族文化价值的重任

事实上，目前中国许多产品的技术、品质并不输给国外的品牌，但是在国际市场上的售卖价格却与国外品牌相去甚远。在吴海军看来，产品售价 = 产品成本 + 品牌价值认同 + 国家和民族文化价值认同。

一个产品最后的销售价格，首先包括的是产品的物料成本。比如说一部手机由 CPU、液晶屏、摄像头等组成，零部件的价格，再加上一定的加工费，构成了产品的成本，然后是价格的加成——公司品牌所包含的品质及服务。做营销就是把各个利润加成做进来，把品牌做起来，让品牌深入人心，让品牌有力量。最后决定价格的还有用户对该国家和民族文化的价值认同，也就是说国家的文化被消费者认同了，那么国家的产品就可以卖到好价钱。

吴海军认为：“现在中国企业家们的当务之急就是要通过一流的产品来扩大中华文化的影响力，从而提升中国人的文化自信。有一天，当全世界都认为‘中国制造’就是最棒、最有质量的时候，那么我们就可以自豪地说，中国不仅创造了五千年灿烂的古代文明，还在创造着工业时代的当代文明。”所以，站在历史转折的新时代，企业家们一定要有强烈的责任感和使命感，创造出世界一流的产品，以此来打造中国的品牌，赢得全球的信任，从而让全世界认同中华文化，为中华民族赢取更大的光荣。

秉承着吴海军的信念，神舟电脑一直坚持自主研发生产，不断开创新品，陆续开发了“战神”“优雅”“精盾”系列，产品售卖至韩国、德国等 120 多个国家的各个地区，为振兴民族产业、提升中华文化影响力做出了贡献。

海陆空立体营销，全方位打造品牌

吴海军认为，营销的基本原则是产品 + 市场 + 激情。营销的第一步是做好产品，营销的基础是产品。有了好的产品才会有好的营销，营销的最终目的是为了售卖产品，产品好了，销售出的每件产品都会增加品牌的附加值，品牌价值就会越来越大。第二步是要了解市场，选择合适的市场去做产品。任何营销都要符合时代潮流和区域文化，只有这样，才能销售得好。第三步是要有激情，营销员自己要喜欢产品，就像喜欢爱人、亲人一样，对待产品要像对待自己的爱人一样，只有真正投入感情，才能做好品牌。

“海陆空”立体营销，打造全方位营销

吴海军表示，现在要成功打造一个品牌，一定是靠“海陆空”立体营销，即全方位的营销。立体营销要从公司的各项能力综合入手，研发能力、生产制造能力、供应链管理能力、电子商务能力、财务实力甚至公关能力各个方面统一在一起，才能构成“海陆空”立体营销。

吴海军通过比喻，形象地描述了“海陆空”立体营销的战略：空，即先空中轰炸——网络互动传播，然后在产品存货量足够多时在地面将货铺到位，

在广告的影响下，消费者容易在相关场景联想到产品；海，即用船将产品运到所有的码头，然后开始线上线下铺货；陆，即地面销售，地面部队的职责就是销售。销售，简单来说，就是把产品卖出去，将资金收回来。如果营销做得好，销售就会变得很简单。比如通过空中轰炸可以解决销售的问题，大量的广告投放使得一部分消费者会主动去购买产品，就无须大范围动用陆战部队再去销售了。

“海陆空”立体战争，拼的是空中轰炸要有“导弹”的实力，“导弹”的实力就是过硬的产品和研发能力。研发能力不足，就不可能制造出非常有战斗力的“导弹”；研发能力强，才能形成空间力量和海上力量。除此之外，企业还要有供应链能力、生产制造能力、信息管理能力、渠道管理能力、电子商务能力、财务能力等。这些能力综合在一起，才能保障“海陆空”轰炸的效果达到最佳。

2011 年年底，电子商务异军突起，神舟电脑便立马成立了专门的网络销售联盟，与天猫、淘宝、京东等电商平台开展合作。近年来，随着互联网的快速发展，神舟电脑的销售模式也随之向电商倾斜，2018 年“双 11”期间，神舟电脑店的销量在天猫商城电脑品类中排名第一，在京东前 100 个高性能游戏笔记本产品中，神舟电脑占比高达 40%。如今，神舟电脑 90% 的产品都通过互联网进行售卖。利用新媒体进行“空中轰炸”，使得神舟电脑的网络销量表现十分抢眼。

差异化产品策略，全方位满足消费者需求

随着时代的发展，人们对笔记本电脑的需求逐渐细化，针对不同消费者的需求，市场上也孕育出了像商用本、轻薄本、游戏本、变形本、二合一笔记本等不同性能和种类的笔记本电脑。在所有类型的笔记本电脑中，游戏本、轻薄便携本、商用办公本这三类笔记本电脑是最受关注的类型，其中游戏本受中国消费者的关注度高达 33.28%，轻薄便携本受关注度高达 34.19%，再次是占比达 21.68% 的商用本，这三类笔记本电脑已经形成了三足鼎立的形势。[①]

① 数据来源:《2018 年电脑行业发展趋势分析》。

针对不同的消费者，神舟电脑采取差异化产品策略，陆续推出了不同系列的产品。针对游戏玩家，2012 年，神舟电脑为其量身定制了“战神”笔记本电脑，一举让神舟电脑在当年不景气的 PC 市场上成为销量增长最快的品牌；2017 年，神舟电脑又推出“超级战神”笔记本电脑，它不仅是战神游戏本系列的强化和进阶版，更是针对如今电竞行业发展得如火如荼的大形势推出的高端电竞游戏本。针对商务人士，2017 年，神舟电脑推出精盾（KING BOOK）高端商务笔记本电脑。除此之外，神舟电脑还创新地打造了专为女性设计的笔记本电脑“优雅”系列。随着技术的不断革新，“优雅”系列笔记本电脑已经兼具了无边框设计、全面屏和轻薄等特点。吴海军这样形容“优雅”系列笔记本电脑；“在落英缤纷的长沙街头，一位少女怀抱着神舟的优雅，依着秋风和夕阳，所有过往的行人都停下脚步，目光凝驻少女的美丽，还有神舟的优雅，多少人优雅的梦想，神舟终于帮你实现了。未来的日子，当你蓦然回首，总能见到英俊的少年和优雅的女子怀抱着神舟的轻薄笔记本，自在地走向前方。”

积极拥抱新媒体，高效链接消费者

神舟电脑紧跟网络媒体的发展节奏，积极链接消费者。吴海军坦言，2011 年，神舟电脑在全国已有 60 多家分公司，遍布全国各地。但近年来，面对来势汹汹的互联网大潮冲击，加上房租越来越贵、人工成本越来越高、电脑的更新换代非常快、库存积压严重，线下销售的生存压力非常大。于是，2013 年，他决定陆续撤回分公司，巧借互联网的东风，走转型之路。2015 年，神舟电脑全面“瘦身”，抛弃了传统的销售渠道，如今，所有的分公司已全部撤回，80% 的销售已经全面转向阿里巴巴、天猫、淘宝、京东等互联网平台。吴海军表示，“我们寻找你们的足迹，跟着你们的足迹一起跳动，有你的地方，我们心就向往，所以你在哪儿，我们就能找到哪儿”。神舟立志要充分利用新媒体进行精准营销。

“近两年，你们在各大城市的数码卖场、销售店几乎找不到神舟电脑，其实我们还在生产，并没有销声匿迹。相反，我们的互联网转型之路也已经完成，网上销售很红火。如今我们改为线上销售，销售成本又低，竞争力又强，关键销量噌噌涨。”近年来，神舟电脑旗舰店的销量在天猫笔记本电脑类中始终排名第一；在京东，神舟电脑也同样在游戏本类目中保持着第一名的成绩，神舟电脑的京东 POP 自营店销量也排在首位。神舟电脑在几大互联网平台上的销量都遥遥领先于其他品牌，屡屡创造了电商平台“双 11”“双 12”的奇迹。

神舟电脑把所有的销售方式分成两种：店储销售和仓储销售，网上销售是仓储销售的一种。以前神舟电脑通过电话接单，也会通过代理商接单或者面对面接单，现在则转为通过互联网接单，从而极大地提高了销售和售后的效率。比如“双 11”一天，神舟电脑商城就会进来二三十万的客户，即便是没有节庆营销的平时，每天也都会有几万人次的进店浏览量，这是传统的线下店铺无法想象的。

如今，中国的消费者越来越理性，互联网时代，每个消费者都可以充分地表达意见。90% 以上的神舟电脑在网上售卖，每一个产品页面下方，消费者都可以针对自己购买的商品和购物体验进行评论，神舟电脑在各大互联网平台上的好评率都在 98% 以上。很多电商早期靠低价售卖起家，所以大众形成了一种互联网平台出售的是低价产品的印象。但事实上并非如此，神舟电脑最好的产品都在互联网平台上售卖，因为神舟电脑的品牌利润已经凸显，价格上万的笔记本电脑在电商平台上依旧能获得很好的销量。同时，伴随着物流的迅速发展和维修技术的不断增强，神舟电脑的售后服务速度也加快了，而且越做越精细。积极拥抱互联网，利用互联网不断贴近消费者，此举使神舟焕发了新的活力。吴海军称：“两岸猿声啼不住，‘神舟’已过万重山。”

神舟电脑创始人吴海军抓住机遇，紧跟时代步伐，审时度势，将其打造成了中国著名的民族品牌，他秉承“科技创业、产业报国”的理念，以振兴民族产业为己任，提升了中国品牌的影响力。

神舟电脑创立时，吴海军写了一首励志的诗《英雄》：

我们创造历史
我们缔造神话
英雄——
在年轻的夜晚
就有故事

源远流长
我们一次次承诺
我们一次次兑现
英雄——
在年轻的夜晚
就将印象
留得很深
我们终结旧时代
我们开创新天下
英雄——
在年轻的夜晚
就已成为
民族脊梁

课堂访谈

图 3　吴海军对话赵音奇、李银会

问题一："海陆空"立体营销和传统营销最本质的区别是什么?

吴海军：现在靠一个方面强就把一个品牌做起来很难了，传统的方式是只要把营销做好，产品不是特别好的话，也能把一个品牌做起来，但现在不行了，现在是厚积薄发。10年前，大家对华为品牌不感冒，都不知道这个品牌，但10年时间，一个庞大的品牌就起来了。它刚开始做手机的时候，我就预测到了，因为这种公司已经在做立体营销了，厚积薄发，从研发、产品、供应链、后期管理到财务实力，当你想打败他的时候，都不知道怎么下手，当它出现在你面前的时候，你已经无法还手了。

问题二：神舟电脑的战神系列已经基本稳住了中高端市场，但是在商务高端市场的被认可度还不是特别高，所以，下一步神舟电脑会怎么走呢? PC业务市场受手机终端业务冲击力较大，神舟电脑曾经也尝试了手机业务，未来会考虑在5G时代继续做这一块吗? 还有，关于大数据这一块，神舟电脑有什么样的布局呢?

吴海军：我们今年（2019）会重点打造优雅系列和精盾系列，后面我们还会发布精盾笔记本电脑的广告，就是"内外皆倾心"神舟笔记本电脑精盾系列。在广告片里，那个女孩子很少笑，偶尔浅浅一笑，嘴角露出一丝笑容，我们希望借助这个人物形象拉升品牌。我不敢一下子把她定位得太高冷，因为品牌的形象还在逐渐转变。2019年，我们会重点打造高性能商务本精盾系列产品。

我们实际上做过手机终端业务，但是做得不太成功，现在行业里已经有很多巨头了。很多人说手机会冲击电脑，我认为不会，我们是做视觉生意的，视觉生意有个特点，屏幕越大，看视频越舒适。我们做的是具备智能计算技术的视觉终端，是具备电脑功能的视觉设备，那么这个产品7寸以下是智能手机的尺寸，7寸—12.1寸基本上是平板的市场，13.3寸—17.3寸多半是笔记本电脑的市场，18寸—27寸是台式电脑和一体机电脑的市场，32寸以上是智能电视的市场，它们之间互相不存在替代关系。

比如说，手机用一只手拿着就可以用，平板电脑是两只手端着用的，而笔记本电脑则要放在桌上或者膝盖上才能用，台式电脑需要一个地方固定，电视机则常常要用螺丝固定在墙上。从小到大，手机常常放在裤兜里；平板电脑需要一个小包，或放在一个大包里；笔记本电脑需要一个单独的包装；台式电脑和一体机，你能给它装上，不动它，但是你想搬也可以直接搬走；智能电视常常要借助工具才能拆下来移动到另一个地方。所以它们之间不存在替代关系。而且手机市场是依赖于电脑市场的，电脑以 5G 和人工智能物联网为基础，没有电脑，绝对不会有 5G 和人工智能，因为所有的系统都是笔记本电脑编程出来的。手机连续两年走下降渠道，而电脑每年有 2%—3% 的增长，这说明电脑的生命力顽强。电脑是工具，给提高生产力和学习能力带来了巨大的帮助，手机给大众的生活和娱乐带来很多的帮助，两种产品用在不同的方向，是不矛盾的。提高劳动生产率是刚需，虽然娱乐也越来越成为刚需，但还是没有人类提高劳动生产率的需求高，所以，电脑在未来几年绝对不会输给手机。

问题三：在媒体选择或者营销上，现在神舟电脑倾向于哪些媒体？关于传统媒体和新媒体等不同媒体，神舟电脑在投放时的选择是怎样的？您的看法是什么？

吴海军：我们用得更多的是新媒体，因为年轻人在哪里，我们就在哪里。但所有的营销都不如把你的产品做好，消费者买了你的产品之后把他的感受表达出来的宣传效果好。今天，消费者在京东、天猫买了我们的产品之后，可以把他的体验写出来，这就是精准营销。

讲座嘉宾简介

吴海军　深圳市神舟电脑股份有限公司董事长，东南大学动力工程系硕士，创办深圳市新天下集团有限公司，并任董事长兼总裁。2000—2010 年连续三届担任深圳市政协委员，曾担任深圳市总商会副会长、深圳市进出口商会荣誉会长及深圳市龙岗区总商会会长，2008 年出任东南大学董事会董事，并一直担任中国计算机行业协会副会长等重要社会职位。荣获“2008 IT 企业杰出人物贡献奖”“深圳经济特区 30 周年行业领军人物”“第九届深商风云人物”等称号。

特约嘉宾简介

李银会 北京大学理学硕士、高级工程师、民建会员，现任青海华实投资管理集团董事长，兼任青海互助青稞酒股份有限公司董事长。他热心公益事业，主动参与光彩事业和慈善事业，累计捐资数千万元。在事业上，他致力于将青藏高原独特的青稞酒品类推向全世界，将天佑德品牌打造成健康持续的全球品牌。

主持人简介

赵音奇 电视节目制片人、双语主持人，毕业于中国人民大学和美国斯坦福大学商学院。1999 年进入中央电视台，参与创办《希望英语》栏目并担任主持人，同时担任《味道》《大真探》《中国诗词大会》等节目的制片人。2017 年离开中央电视台至美国斯坦福大学进修，获 MSx 管理学硕士学位。

科技让教育更公平
学习更高效

优学派的品牌突围与战略布局

20世纪末，互联网传入中国，轰轰烈烈的融合产业革命蔚然成风。教育是互联网渗透得较慢的一个行业，经过对产品和商业模式的漫长探索，直到2013年，在线教育行业创投热潮开启，大量资金和人才涌入，在线教育才开始蓬勃发展。早在2011年，凭借“互联网＋教育”的卓越眼光，唐本国先生就整合了旗下资源，成立了深圳市优学天下教育发展股份有限公司，并大力推动旗下教育电子品牌“优学派”的建设。

2019年6月11日，中国传媒大学广告学院“企业创业与创新”课程聚焦教育行业，邀请诺亚舟、优学派创始人之一，深圳市优学天下教育发展股份有限公司董事长唐本国先生，就科技教育行业的发展趋势与创业经验进行了分享和交流。

图1　唐本国在课堂上做精彩分享

精彩分享

“不想当教师的学霸不是好企业家”，这句话深刻地描述了唐本国的求学与创业经历。唐本国初中时代的理想是做一名教师，他渴望考入师范中专学习专业知识，待毕业后回乡做一名光荣的乡村教师。当年的中专比高中热门，因为考上中专就意味着有铁饭碗了，然而与师范中专擦肩而过的唐本国却考上了当地优秀的高中继续学习。高中生活固然艰苦，但他认真且努力地完成了学习任务，最终以优异的成绩被清华大学录取。在清华攻读完工程物理系后，他回到原籍四川，在国有企业工作了三年，并先后在港资企业、台资企业从事了三年技术方面的工作。这期间，做教师的愿望仍旧在他心中挥之不去。1995 年，唐本国开始创办实业，从事商业贸易，直到 1999 年创办诺亚舟集团，他才正式进入教育行业。唐本国将自己定位为一名教育工作者，并立志将余生奉献给中国的教育事业。

技术的发展推动中国教育变革

中国的三阶段教育简史

唐本国认为，中国的教育分为三个阶段：农耕时代、工业时代和人工智能时代。

农耕时代经历了从原始社会、奴隶社会到工业社会上千年的历史，农耕时代实行的是精英教育，是一种封闭的、只有少数特权阶级有机会接受教育的模式。此阶段提倡独立思考，所以诞生了许多大家，如李白、杜甫、王安石等文学家，还出现了朱熹、王阳明等哲学家、思想家，以及近代的梁启超、王国维等超一流学者。

工业时代的教育起步比较晚，也称流水线教育，普惠教育是其主要特征。这种教育模式采用统一的大纲和统一版本的教材，采用的是标准讲课流程和大班授课的方式，缺乏对学生个性化的提升，学生缺乏独立思考的空间。但这种教育模式却可以培养产业大军，为国家工业的高速增长和经济发展做出了巨大贡献。

人工智能时代可以理解为：简单的脑力教育和复杂的体力教育都被机器人所取代，从而解放了更多的劳动力。人工智能技术的应用促进了学生高层次认知能力的发展，帮助学生的方式从解答习题为主走向解决问题为主。依托人工智能技术在情境创设与人机互动等方面的优势，可以推动教育的发展，促使学生从基于理解的学习转向面向应用的学习。

2017 年 7 月，国务院颁布了《新一代人工智能发展规划》，明确指出人工智能发展进入了新阶段，并将成为国际竞争的新焦点。人工智能作为新一轮产业变革的核心驱动力，是经济发展的新引擎，可以为未来的社会建设带来新机遇。面对新形势、新需求，该规划明确提出：应逐步开展全民智能教育项目，在中小学阶段设置人工智能课程，逐步推广编程教育，建设人工智能学科，培养复合型人才，形成我国人工智能人才高地。

当下中国教育存在的四大问题

在唐本国看来，当下中国教育存在以下四个问题：

第一是教育资源不均衡。由于区域经济发展不均和城乡差异，造成师资与教学资源不均衡，优秀教师和优秀学生流向大中城市，城镇学校人满为患，而农村教舍配套设施不健全，乡村教育呈现空洞化。

第二是教育模式不科学。应试教育的推行，使得考试成绩成为衡量考生优秀与否的重要标准，教育模式偏重死记硬背、题海战术、忽略个体差异，因材施教、分层教学难以实施。

第三是学生学习过程不快乐。教材、教具、学具、教学方式等枯燥乏味，教学方式以单向灌输为主，师生互动少，缺乏趣味性，缺少探究和思维能力的煅炼，学生缺乏想象力，学习过程很辛苦。

第四是教学效果不理想。学生“高分低能”的现象经常发生。近年来，虽然教育普及，鼓励创新，但很少出现科学、哲学等领域的研究大家，包括国际性科技奖项也鲜有国人获得。教学效果不理想，体现出现行教学过程和实际效果间的差距。

国家也注意到了教育目前存在的问题，从政策等多方面积极推动教育发展与教育公平的落实。自从 1995 年国家提出“科教兴国”战略以来，我国的科技和教育事业发展迅速，教育技术的发展也突飞猛进，尤其是互联网快速兴起之后，国家也制定了相应的教育信息化政策。“十三五”时期，教育进入“人人通”政策实施阶段，我国的社会是“人人皆学、处处能学、时时可学”的学习型社会。而教学效率要提升，就要结合技术，把技术应用在教育当中，以提高教学效果。

教育公平是中国的一项重大国策，在“十九大”报告中，习近平总书记再一次把发展教育事业放在提高保障和改善民生水平的优先位置上，提出：建设教育强国是中华民族伟大复兴的基础工程，必须把教育事业放在优先位置，加快教育现代化，办好人民满意的教育。要全面贯彻党的教育方针，落实立德树人根本任务，发展素质教育，推进教育公平，培养德智体美全面发展的社会主义建设者和接班人。而技术将成为推动教育发展和实现教育公平的桥梁。

技术为教育的发展赋能

在中国长达几千年的教育史中，教学主要通过纸笔，以书写、口授等方式进行，技术较少在教学层面产生作用。20 世纪后，随着现代科学技术的发展，幻灯投影、录音录像、广播、电话、电视等现代技术被广泛应用于教育，从而扩大了教育、教学的活动范围，提高了教育、教学的效率与质量。21 世纪以来，计算机、互联网教学开始兴起，尤其是电子白板的强制普及，更是推动了现代教育技术的快速发展，使得教育进入信息时代，优学派也在为信息化时代添砖加瓦。

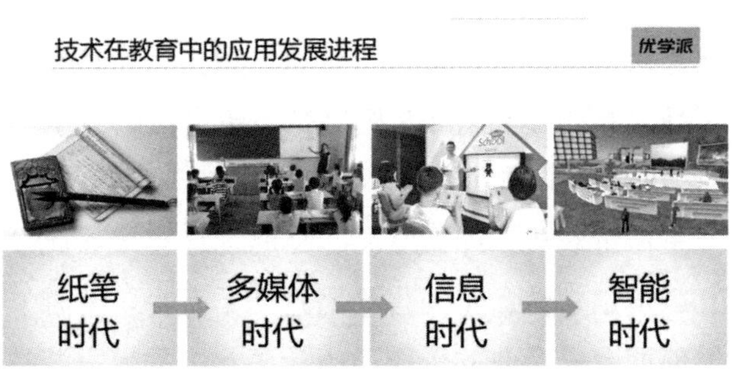

图 2　中国教育的四个时代

近些年，随着云计算、大数据、物联网、移动计算等新技术的逐步广泛应用，教育迈进了智能时代，通过信息共享、数据融通、机器深度学习、智能服务，一种新的灵活、开放、终身的个性化教育生态体系已成为现实。人工智能通过机器深度学习的工作方式，可以替代甚至超越靠大量做题而积累知识的人脑，近年来 AlphaGo 先后在国际象棋和围棋领域战胜人类即是最好的佐证。

唐本国认为，中国教育最大的问题就是把知识等同于教育，而实际上，教育的价值不在于培训学生的知识储备，而在于训练学生的思考能力，但中国的教育近年来大多通过大量做题和死记硬背的方式培养人才。清华大学经管学院院长钱颖一教授曾提出："创新人才的教育仅仅靠知识积累是不够的，教育必须超越知识。"这就要求教育企业除了帮助学生掌握必要的知识之外，还要培养他们的好奇心、想象力和独立思考能力。所以未来很可能发生的情况是：人工智能将使中国基础教育的优势荡然无存。如何依托技术发展教育已成为众多教育企业面临的难题，优学派的发展思路如何实现？

创业复盘：从诺亚舟到优学派

命中注定进入教育行业

回顾 20 世纪 90 年代，适逢中国从计划经济体制向社会主义市场经济体制转变的关键时期，当时很多国企员工纷纷下岗，于是掀起了一股创业热潮。唐本国与创业伙伴也是于当时萌发创业本心的，他们围绕创业聚焦了三个发展方向。

第一个方向是做金融，研发金融股票机。因为当时炒股的民众很多，那时手机也未智能化，模拟手机和 BP 机盛行。唐本国萌发了生产便携式沟通机器的设想，但仍处于观望阶段。

第二个方向是做游戏机，即做掌游，那时网络还未如此发达，日本的索尼公司研制了几款爆款掌游，年销售量高达几千万台。掌游乍看是一个潜力巨大的市场，但前期台资企业的工作经历让唐本国觉得掌游的创业市场虽然有，但可持续发展空间并不大，于是犹豫不定。

第三个方向即想生产专门用来学英语的掌上设备。正当他们的创业步伐踌躇不前时，科教兴国战略的落实让唐本国和合伙人踏实地选择了第三个方向——教育赛道。赛道选好后就要寻找投资伙伴，因为初始资金不足，唐本国找到了当年清华的室友，于是三人一拍即合，决定成立诺亚舟公司。1998年5月2号，在青城山脚下的一个小茶馆，三位联合创始人明确达成协议，订立了企业规矩，成立了诺亚舟公司，这些合作经历与故事点滴不比《中国合伙人》这部电影逊色。多年后直到企业上市，唐本国依旧将创业起点的茶楼作为公司高管培训的必去之处。直到现在，唐本国依旧认为创业成功的重要因素就是选择合适的投资伙伴，投资伙伴选好了，便会事半功倍。

击败行业老大文曲星

当赛道选好，合作伙伴选好，企业规矩也定好后，唐本国开始对电子教育行业进行分析。当时电教行业有三个大家：好易通、快译通和文曲星。好易通是台资企业，主营市场和制作工厂都在大陆；快译通是港资企业，在香港和内地都有产业工业园，产品非常高档，旗下电子发音翻译器售价高达数千元；文曲星是台资企业，在1997年和1998年已经做到10亿元的年销售额，在北京和昆山都建有工业园。

1999年年初成立诺亚舟公司后，考虑到产品价格和品牌的对标定位，唐本国把文曲星当成了竞争对手，通过一年多的研发与生产，诺亚舟产品于2001年年初面市。2001年时，诺亚舟的国内市场占有率为0%，文曲星的国内市场占有率为60%。诺亚舟不断加强科技研发和产品投入，到2005年时，诺亚舟已赶超文曲星的销量，2008年甚至达到文曲星国内市场规模的4倍。总结诺亚舟击败文曲星的原因，唐本国归结为三个词——天时、地利、人和。

天时——英语学习最重要的是发音，当时存储设备非常昂贵，在低成本产品上实现单词全发音成为用户的强烈需求，诺亚舟决定在核心技术上进行创新，通过单词音节发音拼合技术，实现单词的全发音。通过这项技术，诺亚舟把真正发声的词典存储空间降为零，大大节省了产品的成本。简单来说，当时诺亚舟基于技术研发的产品成本为100元，而文曲星的成本约为250元，所以在文曲星卖七八百元时，诺亚舟仅卖三四百元。高性价比促进了诺亚舟市场份额的迅速增长，关键技术的更新迭代使诺亚舟获得了市场的全面胜利。

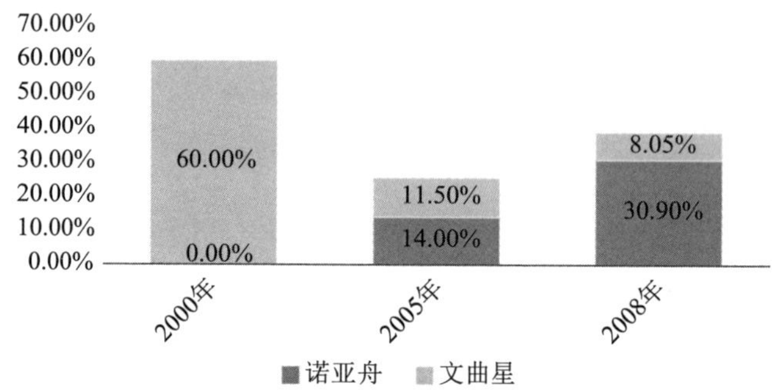

图 3　诺亚舟与文曲星国内市场占比对比

地利——三位创始人都在内地土生土长，他们对中国教育市场，尤其是对用户的需求了如指掌，从而会在规划产品、设计界面、设计外观等方面更多地考虑本土消费者的诉求，比文曲星更加人性化地贴合消费趋势，追求产品的实用性。

人和——文曲星作为台资企业，其大陆团队和台湾团队无法有效地融合。当时文曲星从做技术的领导到基层研发人员，50 多个人才集体跳槽到诺亚舟，文曲星公司一下就失去了发展的重要根基。

企业上市后的问题与反思

每一个公司要发展壮大都必须有资本，诺亚舟也不例外，公司先后进行了三轮融资。2003 年 9 月，霸菱投资（亚洲）公司合伙人徐新与唐本国交流沟通后，迅速投资了诺亚舟，并于 2004 年 3 月设立了 BVI 离岸公司①，完成了 VIE 结构②设计，变成了外资企业。2004 年 7 月，霸菱投资（亚洲）公司完成了对诺亚舟约合 1.3 亿元的投资，看中的正是诺亚舟在未来学习形态上

① 英属维尔京群岛（The British Virgin Islands，BVI）是世界上发展最快的海外离岸投资中心之一，在此注册的公司就被称作 BVI 公司，常见于为在境外或中国香港上市而搭建的 VIE 交易架构中。

② 可变利益实体（Variable Interest Entities，VIEs），即“VIE 结构”，也称“协议控制”，其本质是境内主体为实现在境外上市而采取的一种方式，指境外上市实体与境内运营实体相分离，境外上市实体在境内设立全资子公司（Wholly Foreign Owned Enterprise，WFOE）的模式。该全资子公司并不实际开展主营业务，而是通过协议的方式控制境内运营实体的业务和财务，使该运营实体成为上市实体的可变利益实体。

做出的努力。2007 年年初，美国四大投资银行之一的雷曼兄弟领投 1,600 万美金。2007 年 10 月，诺亚舟在美国纽交所上市。公司从 1999 年成立到成功上市经历了 8 年时间，从当初仅有 100 万元资本的企业一跃成为市值百亿的大集团。

上市后，诺亚舟集团进行了财务投资并购：分别在 2008 年、2009 年和 2010 年收购了培训机构、私立学校、幼儿园教育实体等业务；2008 年全资收购了长沙小新星教育集团，此集团专注于少儿英语培训，在全国有 700 家门店；2009 年收购了深圳文泰教育集团，此公司主要从事中小学教育，当时在广东有 6 家全资学校，收购后广东所有外国语学校都成了诺亚舟旗下的学校；2010 年收购了上海渊博教育集团，此集团主营业务为幼儿教育。至此，诺亚舟俨然变成了一个实业教育公司，年营业额超过 10 亿元。

因为手里有了很多现金，加之上市公司融资平台，诺亚舟开始涉足许多领域，先后进入了芯片设计、房地产等多个领域，但收益甚微。彼时，苹果公司已然进入中国市场，App 也变得炙手可热，面对新的形势，公司内部在管理理念等方面出现了诸多分歧。企业此时应去往何方？领导层争论的结果是，公司决定将教育科技业务与实体教育业务分拆：出售教育科技业务，将实体教育业务留在上市公司。

2011 年年初，唐本国用 1 个亿购买了教育科技业务，成立了优学天下教育发展股份有限公司，独立发展优学派品牌，进行全新布局。

优学派的电子教育战略布局

唐本国带领团队进行深入讨论，确立了优学派的共同愿景：将现代科技与优质教育资源相结合。继续选择教育赛道，就要对消费者场景进行分析，企业认为消费者即学生具备三个消费场景：其一为家庭场景，学生在写作业时需要一个便携式学习机，于是优学派延续了诺亚舟的主营业务；其二为学校场景，这个场景需要提升教学效率，于是优学派设计了一整套配合上课、考试、与同学玩耍的学习机解决方案；其三为培训机构场景，优学派通过市场分析发现直接做培训机构的想法并不现实，于是决定通过改进移动终端来推动教育业务板块的落地，通过移动终端间的相互联动、资源共享，向智能课堂提供硬件和渠道支持，智能课堂再反过来向智能终端提供优质的校本资源，从而实现教育成果的转化。

推动智能学习终端，布局家庭场景

在家庭场景中，智能学习终端的需求量极大。不会做作业怎么办？家长没有时间辅导孩子怎么办？终端设备可以让学生很方便地解决这些问题。如果学生今天生病了没有去上学或者没有听懂课堂内容，家庭学习终端可以解决这些问题，其解决路径如下：

首先，采用同步教学，即在优学派中收录全国所有的全科教材版本，并同步配套资源，将大量的知识点如微课、微视频收录在内，保持持续的课程研发，在包括课程设计和知识架构制作等方面投入重金。其次，满足学生在学习作业上的需求，优学派题库内有海量习题，学生可以随时调用以解决问题。学生碰到不会做的题拍照录入，优学派便会自动弹出与题目对应的知识点，举一反三。最后，建立知识图谱。知识图谱是一个智能评测体系，通过一段时间的数据积累，优学派的系统会自动对学生的学习行为轨迹进行分析，这包含了后台大数据的统计和系统深度学习等算法，进而可以对学生的学习情况做出评估、生成报告，为后期学生提升成绩提供更科学的指导。

优学派既然专门为学生提供硬件支持，就必然要区别于苹果、华为、联想等笔记本品牌的定位。其定位是：第一要防摔，孩子们很容易摔落产品，优学派的平板电脑可以在 1.2 米的范围内抗摔抗打击；第二要防水，要确保孩子们夏天背着书包淋雨也不会使终端出现问题；第三要娱乐安全；第四要能家庭管控，孩子们玩游戏的瘾非常大，但家长又不能随时随地监督，而优学派的产品可以实现远程操控，通过介入关掉界面的操作形式，帮助学生矫正学习习惯。

建立智慧课堂体系，布局学校场景

教育部《教育信息化“十三五”规划》明确提出要“构建网络化、数字化、个性化、终身化的教育体系，建设‘人人皆学、处处能学、时时可学’的学习型社会”，同时要求“积极推动信息技术与教育融合创新发展”。习近平在致国际教育信息化大会的贺信中说，中国坚持不懈推进教育信息化，努力以信息化为手段扩大优质教育资源覆盖面。我们将通过教育信息化，逐步缩小区域、城乡数字差距，大力促进教育公平，让亿万孩子同在蓝天下共享优质教育、通过知识改变命运。教育可以对促进科技发展产生重要影响；反过来，先进的科学技术又能有力地促进教育发展，尤其是教育技术的发展。可以说，中国教育正处于前所未有的变革大潮中，而教育技术尤其是教育信息技术将起到重大作用，这是时代创造的条件和赋予的机遇。

优学派的第二块业务即智慧课堂，其营销思路有两个：其一为政府招标采购，其二为家长付费。智慧课堂涉及学生学习，自上而下的招标效果并不完全理想，所以它依托学生学习环节中最重要的角色——老师和家长，让这两个角色深度且主动地推动智慧课堂的进程，从而有效地确保了学生的学习效果。故此，优学派在营销上采取了应用驱动方式，除确保学校的硬件支撑外，还带动老师的跟进和家长的付费，进而实现了业务的高质量拓展复制。

依托在线教育，布局培训机构场景

在线教育有两个关键点：第一个是流量获客，目前在线教育公司较多，市值高，融资速度快，但如何获取流量是大家共同面临的重大问题。因为流量获取成本较高，线上获客的成本单位要价为 5,000 元—10,000 元人民币。第二个是学习效率的差异，大班教育或一对一教育的差异模式，使得聘用教师的成本存在差异。

所以，目前优学派将自身定位为在线教育机构。通过多年的实践，优学派积累了在线教育的优势，消费端保有 300 万用户，且每年在以 100 万的速度递增。优学派线下有 500 个销售终端，这些销售终端通过让人们扫描二维码加微信公众号的方式降低了获客成本。另外，优学派在公立学校中有 1,100 万在线精准用户，为其在线教育打下了坚实的发展基础，所以优学派做在线业务比一般的初创教育企业更具优势。

通过分析录播课模式、1 对 1 教育、小班教学、在线大班课和 AI 课的利弊，优学派果断选择了在线大班课的方式，并且坚持服务家长的业务。因为 K12 教育市场实质上是家长的市场，消费者即学生较少拥有购买决策权，几乎都是家长决定购买与否。优学派每星期免费为家长上课，帮助家长解决孩子在学习中遇到的诸多困难。

多领域生态投资为企业发展赋能

除了主营业务之外，优学天下公司也做了部分生态投资，如 K12 教育等有关领域。生态投资的基础是先看目前企业具备了哪些优势：首先是硬件产品过硬，优学天下做了 20 年的产品且采用的是专属设备，在设计的时候能够充分满足消费者的需求；其次是品牌渠道优势，优学天下每年投资数千万元进行渠道建设，目前全国有 5,000 余家网点、100 个一级代理商和 300 个二级代理商，拥有 500 万精准用户，且每年还在以 500 万的速度递增；再次是拥有海量的教育资源内容，年均投资超 4,000 万元，多年来已投资数十亿元深耕教育内容生产；最后，优学天下的产业供应链优势也值得考虑。

通过分析优势再选择企业进行投资，优学天下将欲投资的企业聚焦在 K12 教育赛道上。优学天下投资的第一个公司是北京小雨知时教育科技有限公司，此公司聚焦于客厅场景，生产了网络机顶盒机器人，优学天下将所有教育资源通过机顶盒投放至电视大屏终端，在电视上播放学习内容，做到了与场景的深度融合。优学天下通过供应链发力，专注生产研发；北京小雨知时教育科技有限公司打造场景渠道赋能。二者通过深度融合的方式使得其产品市场发展迅速。

此外，优学天下还抢占了家庭生活中的书桌场景，通过投资深圳资优卓酷科技有限公司，为其提供智能化技术升级，迅速实现了公司产品从传统书桌向智能书桌的转型升级，大大提升了产品的附加值。优学天下还向其完全开放线下渠道，通过技术及渠道赋能帮助被投资企业实现了快速发展。

优学天下关注的第三个投资场景是托管场景，通过投资五六点教育公司，赋予其教育信息化的技术升级。优学天下帮助五六点教育公司迅速实现了服务从重模式向轻模式的革命性转变，令其整体上形成了标准化服务输出体系，在短短一年内就获得了跨区域复制能力，规模快速扩张。

优学天下关注的第四个投资场景是自习室场景。优学天下通过投资北京盛世文轩公司，帮助校内自习室实现了信息化升级转型，通过软硬一体化的产品服务输出，帮助北京盛世文轩公司形成了良好的教育品牌形象。后续优学派还将向其开放 B 端渠道，尽力帮助盛世文轩实现跨区域的业务复制与业务扩展。

此外，优学天下还不断加大“教育 +AI”的布局，基于对视觉交互技术在教育领域的应用，引领多模交互的智能学习判断，通过投资玩瞳科技，帮助该公司的技术与优学派所覆盖的学校智能终端完美融合，从而使技术真正落地并得到应用，加快被投资公司的商业化进程。

弘扬中华文化的品牌推广战略

优学派的品牌推广策略采用 C 端业务以电视节目加硬广投放为主、B 端业务以国学节目海选加研讨会推广为主，线上业务以两大业务为主线获取流量。优学派选择了与产品形象相契合的代言人——鲁豫、宋丹丹和关晓彤。

唐本国着重分享了结缘《中国汉字听写大会》的品牌推广过程。他认为教育产品是有温度的，仅仅依靠硬广宣传还不够，需要更进一步的融合，因此必须尝试一些新的营销手段。美国的英语拼写大赛（National Spelling Bee）从 1925 年延续至今已进行了 95 年，一代代孩子的参加使其成为全民关注的带有民俗性质、国家精神的活动。于是优学派连续三年承办了英语拼写大赛中国赛区的赛务事宜，协助负责国内的赛事组织，并取得了比较好的宣传效果。遗憾的是，这个栏目办了三届后没有继续办下去。但唐本国并没有放弃，他于 2016 年亲自前往湖南卫视，找到播放《金鹰卡通》节目的电视台的台长，为公司专门量身定制了一档弘扬中华文化的少儿文学文化节目——《龙的传人》，并在全国进行了参赛者海选活动。唐本国始终认为，通过国学弘扬中华文化是我们这代人的历史使命，更是一项国策，也是所有中国人的义务，公司一直会把弘扬中华文化作为其责任与使命。

课堂访谈

图 4　唐本国对话赵音奇、连进

问题一：从商业模式来看，请您简单描述一下优学派售卖的是内容还是终端？

唐本国：我们卖的是服务，但是我们没有单独区分服务端，而是将终端和服务打包售卖，这是基于家长真实的需求。我很认可手持端的售卖，用户一旦购买了我公司产品端口，我们会免费提供教育内容与相关服务，对于未购买但有内容需求的消费者，（我们）也会为其提供再收费的产品服务。三四年前很多人劝我放弃硬件制造，我没有采纳，我认为两者不矛盾，因为硬件能够更好地将内容资源展示出来。优学派的一些功能是苹果和联想等笔记本所无法做到的，未来我们考虑将核心技术与教育内容生产结合在一起。

问题二：优学派 80% 的平板电脑销售都是在线下完成的，此现状是否与目前其他 3C 产品或智能产品的销售格局不同？为什么是这样的格局？

唐本国：我们的产品和手机、电脑不一样，属于体验产品，如果消费者在现场体验较优就会直接购买，所以产品大部分都要在终端体验，要由导购员引导购买。线下的销售模式企业也不想放弃，事实是产品的线下销量反而在增加，所以线下渠道是我们的核心竞争力。

问题三：K12 在线教育行业发展非常迅猛，目前整个产业链当中已经加入了相当比重的竞争平台，针对此种产业竞争模式，我们采取的破局方式是什么？

唐本国：K12 有很多品类，比如首先在智能终端的品类方面，我们一直处在行业领先位置；其次就是培训品类；再次就是家电品类；最后是教育信息化品类。我们现在只做有优势的方面。第一个就是智能终端，我们将做得更大更强；另外，我们将做大做强学校产品；还有就是我们会走差异化普惠道路，去乡镇做在线教育。要在每一个产品、每一个地方保持竞争优势是不可能的，只有在最有优势的方面和最有优势的赛道，我们才能取得比较大的成功。

问题四：您觉得现在构建的体系当中哪些可能是公司未来发力的地方？

唐本国：公司内部有两个发力点：一方面，我们做智慧课堂，目前我们充分响应国家的要求，做 B2B2C 的教育业务；另一方面，我们做业务驱动，实实在在地解决学校、老师、家长、学生的问题。同时，我们通过调研发现，乡下的孩子们存在“放学没有人管”的现象，我们也希望建立一个体系，让乡下的孩子们能够享受到优质的教育资源。

问题五：教育行业另一个核心竞争力是为生产内容提供服务的体系，因为如果做教育，就需要源源不断地对教育内容进行补充和更新，您的团队是以怎样的方式来保证这一点的？

唐本国：我们公司目前最大的团队是教育团队，公司对教育团队的投资仅次于对技术创新的投入。我们有大量的名师、规划师、编辑和动漫制作人员，公司希望通过师资的迭代让教育资源更丰富。

问题六：从诺亚舟到优学派，这种脱胎换骨有什么代价吗？或者说从第一次创业的经历中您学到了什么？

唐本国：第一次创业后期，公司出了一些问题，最终导致了公司的分拆，但我的本意不愿意拆分公司，因为教育、科技、网络其实是多位一体的，能够形成合力。所以，公司分拆后，从诺亚舟到优学派的创立其实是一个痛苦的过程，分拆时上市公司的品牌虽免费给现公司使用，但产权并不在现公司手中，我们用了差不多 5 年的时间才把优学派和诺亚舟分离，进而让它们不断独立发展。

讲座嘉宾简介

唐本国　毕业于清华大学工程物理系，优学派创始人，诺亚舟联合创始人，深圳市优学天下教育发展股份有限公司董事长。

特约嘉宾简介

连进　特劳特定位实战专家，深度研究定位理论多年。原劲霸男装副总裁，北大汇丰商学院特约讲师，深圳清华研究院工商管理研修班外聘讲师。2006 年起任劲霸男装股份有限公司副总裁，主导品牌建设和传播策略，在领导劲霸团队的 7 年时间中，运用定位理论，成功地将劲霸塑造成中国夹克第一品牌。

主持人简介

赵音奇　电视节目制片人、双语主持人，毕业于中国人民大学和美国斯坦福大学商学院。1999 年进入中央电视台参与创办《希望英语》栏目并担任主持人，曾担任《味道》《大真探》《中国诗词大会》等节目的制片人。2017 年离开中央电视台至美国斯坦福大学进修，获 MSx 管理学硕士学位。

社交电商正在兴起的新零售革命

云集的社交电商之道

2015年，一家新兴的电商企业——云集，于“电子商务之都”杭州成立。云集年轻的创业团队中，一半的成员来自阿里巴巴，另一半则来自腾讯，它将阿里巴巴所代表的电商和腾讯所代表的社交关系融合创新为自己的企业基因，打造出了一个由社交驱动的精品会员电商平台。凭借差异化的商业模式，云集从强手如云的电商市场中脱颖而出，成为一只势头正猛的行业“独角兽”。在4年的时间里，云集就拥有了超过1,077万付费会员，B轮融资更是高达1.2亿美元，成交总额从2016年的18亿元人民币猛涨至2018年的227亿元人民币。2019年5月，云集在美国纳斯达克挂牌上市，被誉为“中国会员电商赴美上市第一股”。

在这百亿收入和百亿估值的数字背后，不仅体现出云集独特的商业模式、营销战略和产品服务，更折射出由社交所点燃的电商革命正进行得如火如荼。2019年3月5日，云集高级副总裁张铁成来到中国传媒大学“企业创业与创新”公开课的课堂，立足互联网趋势，最大限度地诠释了社交电商飞速发展的奥秘。

图1　张铁成在课堂上做精彩分享

精彩分享

利用社交关系弯道超车的云集

巨头的缝隙中生长出的电商新物种

2010年起，阿里巴巴、京东等各大电商平台开始在B2C[①]赛道发力，“双11”等针对B2C卖家的促销活动层出不穷。更有号召力的品牌、更具竞争力的商品，使得B2C卖家蓬勃发展。

然而，随着时间的推移，线上获客成本逐渐攀升，越来越多的商家开始加入价格厮杀战的行列并不断被消耗。与此同时，随着智能设备的下沉以及通信网络的不断优化，微博、微信等社会化媒体迅速发展。这给了此时正在经营淘宝店铺的肖尚略启发：如果将社交网络与电商平台相结合会发什么？在反复推敲之后，2015年，肖尚略召集人马，推出了一款主打社交电商的App——云集。

将社交基因注入电商的并非只有肖尚略。此时，以拼多多为代表的社交电商开始初露“尖尖角”，这些社交电商凭借社交带来的强说服力和分裂式传播，将原本已进入“红海市场”的电商赛道再次引燃。

虽然起跑者众多，但是云集仍具备突出的优势。无论是肖尚略之前经营的淘宝店铺带来的迪奥、香奈儿、美宝莲、欧莱雅等中高端供应链资源，还是来自腾讯、阿里巴巴的人才资源，都给襁褓之中的云集带来了巨大的能量。2016年6月，云集的单月销售额就突破了1亿元；6个月后，云集更获得了2016年社交电商领域最高A轮融资2.28亿元。

创业之路从来不是一帆风顺的，2017年的云集也曾经历了创业以来的低谷。作为新兴的商业形态，云集的创新仍然处在探索过程中，社会各界对其也还存在一定程度的误解。之后，依靠商业模式的调整，云集从低谷中走出，业绩迅速攀升。2017年，云集全年交易额突破100亿元，同比增速400%。2018年4月23日，云集宣布完成1.2亿美元B轮融资。资本的力量

① B2C：business to customer，指直接面向消费者销售产品和服务的商业零售模式。

成为云集成长的助推器。

提升品牌，打造精品会员电商

随着电子商务的发展，目前“淘宝系”和“京东系”垄断电商市场的格局已经开始被打破，拼多多、小红书、网易严选等大批电商开始凭借社交、精选、垂直等特色瓜分市场份额，电商赛道被进一步点燃，竞争日趋激烈。因此，云集要想在这条挤满选手的赛道上保持领跑之势，重塑品牌必须提上日程。

2018 年 8 月 15 日，在完成 B 轮融资后，云集推出了全新的品牌标志以及标语，以重塑品牌形象。除了在字体、色彩等方面进一步升级了品牌标志外，快递盒这个连接消费者的重要接触点也被重新设计。此外，云集的品牌标语也从“手机开店上云集”更改为“注册云集 App，购物享受批发价”，进一步强调了云集的性价比，使得品牌更具识别性。

不断奔跑的云集正在极速前进。截至 2019 年 6 月末，云集已经和达能、欧莱雅、强生、伊利、高露洁、飞亚达等多家国内外一线品牌以及大希地、德尔玛等优质新锐品牌签订了战略合作协议，并拥有了超过 1,077 万付费会员，2019 年“5・16”大促更是创下了单日历史最高销售额 10.8 亿元。与此同时，云集用户的复购率也高达 93.6%，2018 年平均客单价超过 978 元。

创新商业模式，奠定社交基础

在工业时代，消费者有三重身份：第一是广告受众，消费者需要接受厂家所提供的广告；第二是购买者，当消费者进入消费场景去挑选商品、满足其需求时，他就成了购买者；第三是使用者，消费者购买完商品并开始使用商品时，其角色就从购买者过渡到了使用者。

处于数字化环境之中的消费者又多了两重身份——传播者和销售者。当消费者在微信、微博等社会化媒体上分享商品信息时，他们就成了传播者。基于消费者的熟人关系网络，部分人通过消费者所分享的内容能了解到产品的信息；而当消费者所传播的信息被人进一步问询，例如所分享的商品在哪里可以购买，此时消费者就成了销售者。因此，尽量把消费者的角色从原有的受众、购买者、体验者进一步转变为传播者、销售者，就是社交电商的底层逻辑。

而云集的商业模式，就是抓住消费者分享这个动机，以精神和物质双向驱动，将每个人都赋能成为传播者和销售者。

云集会员首先通过“晒”的方式让更多的人了解产品信息，在强社交关系的加持下，云集首先要让会员关系网络中的潜在消费者信任产品的相关信息，然后再进一步提供购买链接，吸引潜在消费者点击购买，由此让用户完成向传播者和销售者的转变。

为了帮助用户聚焦，做好传播者和销售者的角色，云集在供应端精选主流品牌、创新品牌以及优质工厂提供货物，再通过中端提供专业的客服、仓储、IT、培训和内容，免去用户进货、存货和发货的困难。在供应端精选产品并由云集用户在社会端传播、分销，以此实现商品的快速售卖，这就是云集的商业模式。

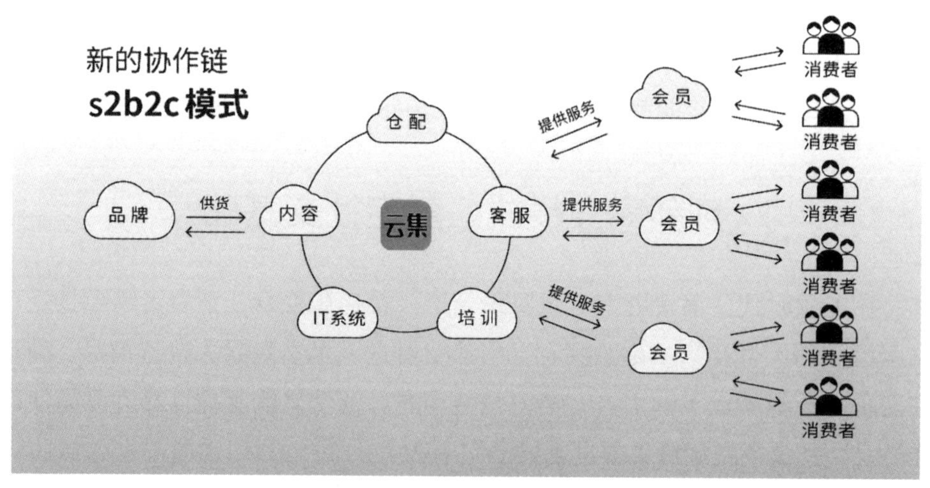

图2　云集的商业模式

阿里巴巴学术委员会主席曾鸣将云集的商业模式总结为s2b2c[①]，其中

① s2b2c：supply to business to customer，是一种集合供应商、赋能渠道商共同服务消费者的电子商务营销模式。

s是云集集成的一张大服务网，以精选式采购和平台化为支撑，通过上述服务网络的支持，来赋能b，即个人小卖家，使其能利用社交工具传播商品信息并进行售前和售后服务；最后借助个人信用，服务于c，即消费者。

s2b2c模式下的云集具有巨大的优势。较之京东，作为由社交驱动的精品会员电商，云集的优势在于它可以将消费者赋能成为小卖家，利用消费者的强社交关系进行销售，成本更低，转化率更高。而相较同样由社交驱动的拼多多，云集的价值则在于精选SKU①，以及与供应商直接合作，因此在商品质量和议价能力方面更具优势。

云集电商的社交之道

利用社交数据，反向打造爆款商品

不同于阿里巴巴、京东等电商平台所提供的繁多品类，云集的SKU并不多。2018年，云集平均每天在线的SKU只有4,000多。这正体现了云集强调的“爆款思维”，云集COO胡健健表示，商品要宽、少、精，要精准地触达消费者，持续地聚焦精品。②

为了打造“爆款商品”，云集梳理了运营以来搜集到的会员社交数据。与普通用户的数据不同，会员的社交数据包含了对商品的分享、评价、购买转化等动态行为数据，这让云集更能够发掘什么样的产品可以激发消费者进行传播和购买。

云集利用通过社交数据得出的会员产品需求画像来帮助工厂和品牌反向定制爆款商品，从而最大限度地实现供需的对应。与此同时，通过搜集分析社交数据，云集还能够探查会员对于该商品的评价，以便及时调整商品的营销方案。例如通过对搜集到的优质评论等一手消费者素材进行曝光，助力产品的口碑营销，为商品的“爆款”之旅铺路。

---

① SKU，stock keeping unit，库存量单位，即库存进出计量的基本单元，现在已经被引申为产品统一编号的简称，每种产品均对应有唯一的SKU号。

② 金刺猬.云集COO胡健健：聚焦精选，赋能品牌，打造零售新业态！[EB/OL].(2018-05-15)[2019-11-10].http：//www.jinciwei.cn/d177856.html.

借力社交优势，促成“购物批发价”

一方面，云集售卖的大多是卷入度较低的商品，这也就意味着消费者对商品价格更为敏感；另一方面，随着消费升级，人们对于商品的品质也越来越关注。对此，云集的应对之道是选择直接与有品质保证的工厂、供应商签约，去掉流通加权成本，以低价售出商品。

云集独特的优势在于通过赋能消费者，让他们成为个人小卖家，利用消费者的社交关系网络来达成交易，在社交网络强信任和多连接点的支撑之下，通过裂变传播，让更多的人关注商品信息。与此同时，会员通过分享触发购买行为之后，还能够获得一定收益，这也推动了更多的会员分享商品信息，从而让商品能够最大限度地接触消费者，引发多人次购买，打造出“爆品”，毫无疑问，这使得更多的优质工厂和供应商愿意以更低的价格与云集合作，为云集的议价能力提供了保障。

2018 年，云集进行了品牌升级，将品牌标语更改为“注册云集 App，购物享受批发价”。云集 CEO 肖尚略对“批发价”一词给出了注解：“消费升级时代倒逼企业必须练好自己的内功，最大限度地提升产品的性价比。消费升级是性价比升级，升到最后就是价格降级。降到极致，降到无须‘讨价还价’，就是‘批发价’。”[①]

以稳定社群来撬动社交关系

在流量盛宴宣布告停、头部流量汇聚越发明显、线上流量越来越贵的情况之下，如何从现有流量中掘金便成为电商平台关注的重点，作为强社交关系连接点的社群也随之成为越来越重要的掘金点。

将社交关系作为商业底层基础的云集也在社群层面持续发力。一方面，云集会员在社会端通过传播和分销汇聚而成的用户社群就是一个天然的“售卖场”，这个“售卖场”拥有直观、持续、有转化率的流量。人际关系的信任加权也会使得售卖的说服力更强，从而导致更多的最终购买行为。另一方面，社群也是维护客户关系的重要场域，它不仅能激活新会员，还能够通过

① 牛华网 . 肖尚略：云集要用“批发价”服务 1 亿家庭［EB/OL］［2018-08-15］. http：//www.newhua.com/2018/0815/328801.shtml.

及时发布优惠信息、协助解决售后问题等方式留住老会员。

在云集，不仅有以会员和客户为核心的售卖群，还有以会员和会员为主要成员的经验分享群。云集也会通过课程等方式来教授会员如何维护社群，帮助新手小卖家最大限度地了解社群的运营技巧。除了这些民间社群外，云集每年还会组织服务商年会，搭建会员和会员的沟通平台，最大限度地利用社群激发用户黏性。

常态化营销引爆社交

为了依靠社交关系来完成销售，云集还从自身发力，打造常态化营销，以此来帮助云集会员更好地利用熟人网络完成销售，进一步引爆社交。除了“云集 Super 石榴节”“双 11”这种年度大型营销活动外，云集还在每个月的 16 日举办“石榴节”，开展高频灵活的月度营销活动，使产品得到大规模曝光。早在 2017 年，“石榴节”的单日总销量就达到了 1.5 亿元，共计 120 万单。同时，云集也会结合妇女节、中秋节等节日进行节庆主题营销活动。

2018 年，云集还与众多优质品牌联合推出了“云集超级品牌日”，以“大牌折扣”为卖点夺人眼球。自然健康品牌 Swisse（斯维诗）开售当日仅 6 小时就一举突破 600 万元销售额；罗莱家纺开售 12 小时便以 25 个 SKU 完成 1,200 多万元的销售额，1 万条蚕丝夏被 10 分钟售罄；LOVO 家纺冰丝席 1 秒钟抢光 800 件。

此外，云集还通过官方微信等自媒体打造明星会员，例如盲人模特王蕾蕾等，由此借助 KOL 的力量来触发更多的社交关系，为营销活动再添一把火。在“定时年度营销 + 定时月度营销 + 不定时主题营销”三大框架的基础之上，云集的营销采取常态化，每一个营销活动都已成为盘活社交关系的“引爆点”和“导火索”。

保障消费者权益，稳固社交关系

对于社交电商来说，产品与服务是建立和维护社交关系的关键。如果消费者在消费了产品之后没有好的体验，那么他们就不会进一步向其他人推荐产品，社交关系的分裂效应也就无法实现。但如果推荐者向其他人推荐了质量不好的产品，使其信用积分减少了，那么他们也就不会再进行二次推荐。

云集作为电商平台，主要通过两方面来保障消费者的权益。一方面，云集通过精选货品，从源头上保障产品的质量；与此同时，云集还与 SGS① 等第三方机构合作，从源头进一步把控产品质量。另一方面，云集及时把控舆情。由于社交电商的特殊性，消费者与平台之间有很好的联系。一旦产品有负面舆情发生，云集第一时间就可以收到消息。此外，云集内部每天八点半还会召开高管会议，会议的第一个议程就是检查产品的退货率等问题，从而快速掌握货物的质量情况，第一时间总结问题、改良产品。

社交电商的未来之路

传统电商解决了品牌商和消费者之间的互联互通，例如淘宝提供了一个平台让消费者和品牌商之间能够互相对话，但是社交电商的出现则实现了消费者和消费者之间的联系互动。例如消费者通过参与拼团等方式，不仅可以以更低的价格购入商品，还能在“拼团”的过程中收获更好的用户体验，巩固社交关系，这就是“互惠”，也是云集、拼多多等社交电商具有强大爆发力的根本原因。未来的社交电商无论如何变化，也一定会遵循这样一个逻辑。

社交电商要想走得更远，必须要注意三点。

第一，要聚焦于“货找人”的模式。从整个社会大环境来看，信息获取方式发生了很大的变化。以前消费者有了需求是自己去搜寻信息然后购买，是“人找货”；现在有了社会化媒体的支撑，许多商品的信息都会在微信、抖音、Facebook 等平台上呈现，便变成了“货找人”，即“信息找人”。所以“货找人”这个模式会是一个浪潮，也是一个非常好的机会。社交电商则要通过各种方式，找到目标受众，将商品信息传递给他们，做一个高明的推送者。

第二，要具备国际化的视野。进入数字化社会之后，信息会越来越透明、越来越容易被发掘。在这样的环境之下，竞争对手将不再受地理位置的牵绊，竞争对手的范围可以扩大到全球企业。因此，企业要注重自我能力的

---

① SGS：瑞士通用公证行，是全球领先的检验、鉴定、测试和认证机构，也是全球公认的质量和诚信基准。

提升，只有拥有国际化的视野，才能获得足够的回报。例如，企业可以通过全球范围内的协作和共享来满足供应链，从而使自身成为资源的整合方而非加工生产方，这也是目前最适合社会状态的方式。

第三，要注重内容的重要性。电商靠什么吸引消费者的注意力？内容。无论是优秀的文章，还是有意思的话题，都能够吸引消费者的注意力。因此对于电商的运营来说，不仅要有商品的运营团队，还要有内容的运营团队。谁能把消费者的目光和时间吸引过来，谁就有机会。

所谓社交电商，即在互联网上利用各个不同的平台对产品进行不同形式的推广，比如通过视频和文字，充分抓住目标人群的注意力，达到超过预期的效果的一种电子商务衍生模式。社交和商业的结合会变成商业的进化趋势，而云集正是中国社交电商之路上的一个缩影。未来社交电商将走向何方，我们一同期待。

课堂访谈

图 3　张铁成对话郎永淳

问题一：从整体来看，无论是拼多多、云集，还是小红书，社交电商的风口出现了。社交电商有这么高的增长速度，是要玩转商品，还是玩转流量？

张铁成：每一波商业新浪潮，基本上都是先从流量开始的，社交电商的快速崛起首先也是流量带动的。商业的本质是逐渐聚合，也就是会变得越来越有流量。但以云集为代表的一些企业，为什么会花更多的精力、投入更多资金去做供应链的再造？是因为这种再造可能形成更高的门槛，而流量其实是在吃“青春饭”。当大家都做社交电商的时候，电商要想做得更好，就要在供给端和流量端进行创新，产生乘法效应，这样才能更好地进化。

问题二：拼多多做的是拼购，小红书则是先做内容的生产，接着进行高端跨境商品的开发，那么云集的目标市场是哪一块呢?

张铁成：中国的整个消费市场其实是有所区分的。拼多多在上市以后提出了消费分级的概念，比如说价格敏感型人群、正在崛起的中产阶级人群，还有生活在一二线城市的精英人群。其实每个层级都在进行消费升级，只不过大家消费升级的目标有所差别，而云集在做的更多是针对这些中产阶级的消费群体，我们希望大家既买到好产品，又觉得性价比很高。这种方式就不是说纯粹地只看价格低，而是首先要东西好，然后再思考如何把货的成本进行压缩。比方说顾客原来买一套化妆品可能要花 2,000 块钱，现在相同品质和品牌的化妆品 600 块钱就可以买到。这样的话，生活品质在提升，支出则降低了，这也符合如今在高房价压力下的中产阶级的需求。

问题三：您怎么看待电商和实体之间的关系？电商的发展有没有瓶颈?

张铁成：未来的电商可能只是零售的一块，关键的问题是我们怎么能够提高效率。基于“人、货、场”三个领域，如果你只是改造了“货”，效率可能提升，但并没有颠覆性的创新。像网易严选就是从货的角度进行改造的，但它在流量端积淀更多的是网易的原有流量。所以我认为，尤其在中国，“货”这方面的效率提升是有难度的，而在流量端的创新会更快，效率会更高。因此，基于“人、货、场”的不断改善，将大数据、人工智能等市场新技术与现在的风口相结合，可能又会带来一些我们意想不到的新增长。

问题四：您认为制约年轻人进行新零售创业的因素会有哪些？可否给有志于创新和创业的年轻人一些专业化的建议?

张铁成：进入液态性社会，经验已经变得越来越不值钱了，反而可能变成成功的负担。年轻会是一个很大的优势，因此对于创业者来说，更为重要的首先应该是认知，就是说有些事情你能不能考虑得到、能不能比别人看得更远；其次是团队协作，年轻人了解如何通过“融合、共享、协作”这六字理念去设计未来的事业和商业模式非常重要。

我觉得数字化还是我们整个社会最大的一个发展方向，数字化影响着社会存在的方式、价值观乃至商业模式。我们现在要抛弃传统思维，或者说我们要新建一种基于数字化社会的新的价值观和思考方式。我们围绕消费者的需求搜集、价值创造，以此来重新设计和经营这种新的商业模式，一定有很多的机会。而在内容创作方面，一方面，我们要不断地去创造好的内容、好的 IP；另一方面，我们也要学会用商业化的方法，把内容和供应链结合起来。

问题五：社交电商如何真正做到保障消费者的权益？云集在这方面有哪些尝试和举措？

张铁成：在 2018 年，云集平均每天在线的 SKU 只有 4,000 多，我们并不是不想给大家提供更多的选择，这其实跟我们的能力也有关系。如果消费者在消费了我们的产品之后觉得不好，他不会推荐；如果推荐之后让他的信用减分，那么就没有下一次的推荐了。所以我们会精选产品，从品质控制到源头控制，我们跟 SGS 的合作，其实都是基于这个理念。第一步我们从我们的平台方做起；第二步，是当消费者作为传播者时，我们要做到令他跟平台之间有很好的联系。一旦有产品的舆情发生了，我们第一时间就可以收到消息。云集每天 8:30 的高管会议，第一件事情就是看昨天哪些产品退货率比较高、有哪些问题。所以我们能够快速掌握货物的质量情况，第一时间总结问题、改良产品。

问题六：云集与一些电商平台同样是 C2C 的模式，云集在商品结构和用户类型上面与其他平台又有什么样的区别呢？

张铁成：我们 95% 的用户都是女性，这 95% 的用户里面又有 86% 是家庭中的宝妈。第一，她们是消费的主力，家庭里的消费通常是她们说了算。第二，宝妈对于家庭品质也有需求，此外，宝妈在社交领域也有很多天然的需求，所以云集的发展离不开宝妈的支持。另外我们更喜欢被界定为 S2B、小 B2C 的模式，我们不是 C2C 的模式，C2C 是个人开店的方式，它的商品的规模化的动力和服务跟我们是不太一样的，我们能够通过中心化、集成化的商品、IT 服务、物流等，保证消费者最终体验的一致性。

问题七：无人零售将会在未来占有一席之地，您是否认同普通实体店不会被取代的说法？还有就是电商店也有一些店会开实体店，您认为它们的目的是什么？云集是否会在近几年考虑开线下实体店？

张铁城：我认为线下便利店应该会是长期存在的，比如说我突然想吃个酸奶，我可能要去便利店买，我不可能跑到淘宝上下单。任何一种零售店的存在，首先要看它存在的价值。所以普通实体店的方式一定会存在，当然它也会不断地演化。

电商开线下的体验店这也会是个趋势，线上开店有个天然缺陷，就是体验性没有那么好。鞋子合不合脚穿了才知道，床垫合不合适只有睡过才有感觉。所以大家开实体店其实是满足了电商在信息流方面的缺陷，但是这肯定跟传统的开店模式不太一样，它更多满足的是信息流方面的缺陷。云集也会往这个方向发展，这个我相信是会做的。

讲座嘉宾简介

张铁成　云集高级副总裁，曾先后任职于通用汽车、阿里巴巴等国内外知名企业，目前主要负责云集“百县千品”项目、“乡村振兴千人计划”、云集公益基金等企业社会责任相关板块工作。

主持人简介

郎永淳　找钢网首席战略官、高级副总裁，中国互联网协会“互联网 +”研究咨询中心副主任，香港大学管理学博士候选人，央视“新闻联播”前主播。

联络互动的跨境之路

2007年，一名80后创始人带领着团队，建立了北京数字天域科技有限责任公司，经过十几年的耕耘，他将其打造成为一家专注于跨境电商、传媒、智能硬件和金融服务，且年营收超过140亿元的大型互联网科技集团——联络互动。而这名80后创业者，正是作为胡润百富“十大80后创业家”之一的何志涛。联络互动于2014年在深交所A股挂牌上市，2016年赴美并购，战胜了亚马逊、沃尔玛等巨头，收购了北美老牌科技类电商新蛋（Newegg），并衍生出tt海购跨境电商平台和中国品牌出海助推器（ttchic），布局双向跨境电商。

图1　何志涛在课堂上做精彩分享

目前，许多中国企业都纷纷开始出海进行海外并购或投资，面对波谲云诡的环境，企业的出海之途并非一帆风顺。2019年5月7日，联络互动创始人兼董事长何志涛来到中国传媒大学“企业创业与创新”公开课的课堂，以

“跨境电商的并购与管理”为主题，分享了联络互动赴美并购新蛋的跨境之旅，以及在并购管理中遇到的挑战与收获。谈及这段海外并购经历，何志涛说：“我不希望它是个绝响，我希望它能给其他的中国企业提供借鉴。”

精彩分享

出海环境的机遇洞察

中国经济与科技的崛起

近年来，中国经济的快速发展和科技的不断进步，世界有目共睹，中国与发达国家之间的差距正不断缩小。

经济方面，目前中国的 GDP 增长速度远超全球 GDP 增速。2018 年，中国外贸进出口总值也高达 30.51 万亿元，同比增长 9.7%，中国成为全世界最大的外贸出口国，也是美国最大的债权国。科技方面，以手机为例，2018 年全球智能手机销量排行榜前五名中，有三家中国手机品牌，华为、小米、OPPO 纷纷上榜，所占市场总份额达 31.5%。国产手机品牌的崛起不仅体现在各种功能上，同时体现在消费者对品牌的认同上。何志涛认为，全球手机市场的变化正是中国技术进步、生产力提高和品牌力提升的缩影。

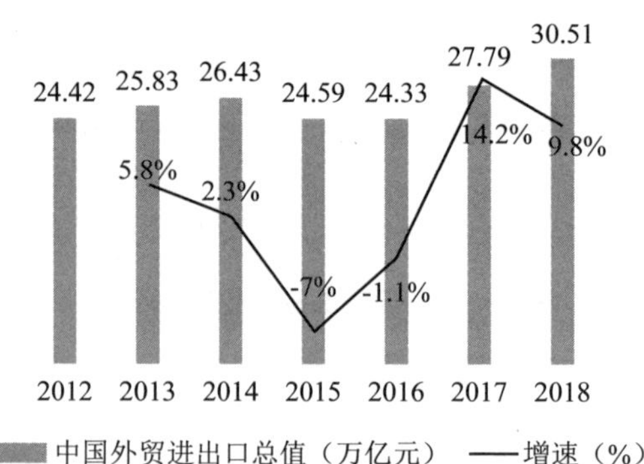

图 2　2012—2018 年中国外贸进出口总值及增速

在此背景下，中国企业参与世界竞争的机会越来越多，联络互动在宏观经济形势下判断出，中国经济与科技的崛起是必然趋势，目前中国在全球最大的贸易伙伴是美国，中美贸易可能是未来十年中国企业最大的发展机遇。根据咨询机构易观发布的《2018 中国跨境出口电商发展白皮书》中的数据，2018 年我国跨境电商出口交易额达 7.9 万亿元人民币。从公开信息来看，联络互动的海外并购表面上进入的是红海市场，实则瞄准了一个更为广阔的蓝海市场。

“中国制造”向“中国质造”的转变

与此同时，中国品牌自身也在发生着转变。曾经，一提到国产品牌，人们脑海中浮现的往往是“质差价廉”“山寨”等标签。即使“Made in China”风靡全球，但“中国制造”和中国企业在品牌的质量和实力上都还有所欠缺。中国改革开放后，制造业积累了大量的经验和能力，然而做的事情却大都是代工，品牌、专利都不属于自己。

近年来，中国的自主品牌越来越多、越来越自信。尤其是在科技创新方面，中国品牌不仅占有一席之地，在一些领域还具有了领先优势，如高铁、网络通信等高技术领域，移动支付、共享车、新零售等新模式、新业态。品牌锻造也曾是中国企业最大的弱点，但就像手机一样，依托中国现在的发展优势，中国开始有更多其他的品牌走出去，中国品牌在海外市场的存在感和活跃度与日俱增。

谷歌（Google）的调查数据显示，中国品牌与国际品牌的搜索指数差距正在逐年缩小。过去五年，中国品牌与国际品牌之间的搜索量差距已缩小了 29%。在此背景下，强有力的品牌和优势突出的产品必将走向更大的市场。联络互动对新蛋的布局正是抓住了这个时间节点，其布局的跨境电商正犹如一条纽带，连接起中国无数企业品牌和海外市场。借此，联络互动既强化了自身品牌，也助力了更多中国品牌走向世界；既为中国和西方主流国家开展跨境贸易提供了核心渠道，也让新蛋成为中美贸易摩擦期间稀缺的境外本土电商资源。

跨境之路的启程

收购新蛋：到北美买一个品牌

锻造品牌是困难的，在海外锻造一个中国品牌更是难上加难。在海外市场，搭建物流、仓储以及大量的平台是短时间内可以快速完成的步骤，但在短期内快速锻造品牌则极难完成。何志涛认为，并购是一种快速切入海外市场的好方法。

在过去10年中，新蛋有7年都是在美国排名前十的品牌，它与可口可乐、美联航等品牌比肩而立。新蛋用了17年来铸造这个品牌，而品牌恰好是联络互动很难短期内在全球建立起来的，因此联络互动决定到北美去“买”一个品牌。

一开始，市面上常见的蜚声海内外的亚洲电子产品品牌通常来源于日本、韩国和中国的台湾地区，比如东芝、日立、三星等。新蛋在过去17年里获得了日本、韩国、中国的台湾地区以及美国本土企业的品牌支持，因此品牌成长速度很快，客户忠诚度也较高。当世界产业链的重心转向中国，新蛋也越来越需要中国品牌制造商和渠道商的支持。在这一点上，联络互动恰好符合新蛋进军中国市场、引入资本支持的预期，两者在开拓全球业务的发展愿景上也近乎一致，这为达成收购奠定了基础。

并购过程中面临着激烈的竞争，全球总共有22个企业希望收购新蛋这个品牌，而新蛋最终选择了出价最低的联络互动。新蛋是华裔在北美创立的第二大品牌，仅次于雅虎。创始人希望把自己的公司和品牌卖给华裔，作为中国公司，联络互动拥有亚马逊、沃尔玛等巨头无法比拟的天然优势。此外，新蛋的创始人也希望把品牌卖给更年轻的团队，希望有一个年轻人带领新蛋在未来战胜亚马逊，年轻的何志涛和年轻的联络互动拥有了这个机会。

发展新蛋：潜力与愿景的交织

把一个发展了17年的公司，在未来17年建造得更好，恰好也是联络互动的愿景。收购新蛋，不仅是因为联络互动与新蛋的发展愿景一致以及联络互动自身年轻的资本，也因为新蛋在北美具备独特的优势与潜力。

图 3　新蛋数据一览

作为北美老牌科技电商品牌，新蛋成立于 2001 年。新蛋在国内或许鲜为人知，但在北美市场份额中，它是 IT 领域的第一名。并购之后，何志涛团队针对新蛋的情况进行了整合管理，目前在 3 亿总人口的美国，新蛋拥有 3,600 万注册用户、1,400 万邮件订阅用户（历史上唯一超过这个订购数字的是沃尔玛的传单及优惠券）。之前，新蛋的业务只分布在以英语为主的十几个国家，如今已经覆盖全球 53 个国家，主要区域为北美、南美、欧洲和亚洲。尤其在 IT/CE 领域，新蛋已经覆盖了整个北美超过 47% 的市场，在全球 3C 产品爱好者中占据特殊地位并具备强大的影响力。

在与亚马逊竞争的过程中，新蛋的消费用户群体也是一道天然屏障。17 年来，新蛋积累的用户群体中有 76% 为男性，区别于亚马逊以女性用户为主的特点。亚马逊的用户复购频率很高，因为女性的电商购物消费习惯不太有计划性，但男性恰好计划性很强。年龄或性别导致的消费习惯给品牌和消费做出了明显区分，也使得新蛋更能清晰准确地向目标市场发力。

目前，新蛋用户平均年龄为 36 岁，为了扩大市场份额，新蛋开始努力吸引 18—25 岁的年轻消费群体。北美年轻用户需要的东西要“酷”，如何在 IT/CE 品类中塑造一个“酷”的形象并影响用户的观念，是新蛋未来两年努力的方向。

跨境之路的挑战

海外审查的挑战

在联络互动进行跨境并购的过程中，何志涛遭遇了诸多挑战。由于双方在文化背景、法律架构及意识形态等领域存在差异，联络互动经历了多番严格审查，包括国家安全审查、反垄断审查等。“过去十年，拥有这样的海外并购经验的企业不超过 20 家。”

并购首先面临的是外国投资委员会的国家安全审查。根据《埃克森—弗洛里奥修正案》，美国总统如果认定该交易威胁到了美国的“国家安全”，就可以阻止或取消非美国公司对从事洲际贸易的美国“企业”的“控制权”的收购。审查过程包括非正式磋商审查、启动审查、初审、全面调查、终审等步骤，程序十分烦琐。而中美贸易摩擦使得审查力度更大，如今只要非美国公司买到美国公司 10% 以上的股份，甚至只要其有了董事会席位，美国就会对之做出严格审查。从这个角度来看，贸易摩擦会给新蛋等海外的收购项目造成很大的影响。其次是反垄断审查。在美国，但凡企业被认为有垄断行为，就要接受反垄断调查，收购公开交易的公司通常需要经过反垄断审批。

跨境的中国企业要面对的不仅是烦琐的审查过程，还有许多因巨大的差异而产生的问题，尤其是因文化和观念的差异而产生的问题。在海外经营过程中，何志涛及团队同样面临诸多差异化问题，文化及观念的差异会导致团队做出一些不准确的决策。跨境经营管理要求管理者充分理解国内外的多方差异，高效学习另一个国家的文化、观念及法律，以指导自己做出正确的选择。何志涛和他的公司遭遇过诸如种族歧视、性别歧视等起诉，甚至有一次他被判决坐在轮椅上工作一天来体验残疾人的工作环境，这成了何志涛在跨境经营过程中独特的经历。

团队文化差异的挑战

跨境并购会受到外部政策、法律、文化环境的影响，在企业内部管理上也会面临各种差异。跨国企业做管理时，文化整合是最困难的事情。财务的整合、人员的整合都可以按部就班地进行，但“先进的生产力必然替代落后的生产力”，这句话却无法适用于文化整合——我们很难去评判什么文化是先进的文化。并购之前，由于成长环境的不同，新蛋和联络互动之间存在着巨大的文化背景差异。联络互动主要从几个方面对企业文化进行了整合，其过程无异于二次创业。

首先是团队的稳定性。新蛋目前在全球有超过 4,000 名员工，其中北美约有 1,800 名，亚洲地区超过 1,700 名，主要分布在中国大陆和中国台湾地区。这几千名员工来自不同的国家，有不同的文化背景，因而团队的稳定性就显得极其基础和重要。公司用了近三年的时间，把在印度的团队规模逐渐缩小，把中国的团队规模逐渐扩大到成都和西安这样外国语学院较多、人员流动性较小的城市，通过地域上的稳定性形成团队文化的稳定性。

其次是目标的一致性。联络互动力求通过让员工朝着同一个愿景努力，反哺团队的稳定性，全员目标的一致性可以明星提升公司整体的稳定性。例如互联网公司在建立目标时更习惯用的方法是树敌，公司唯一的目标就是干掉敌人，或者抢走对手的市场份额。

除此之外，联络互动正在努力为团队提供全方位支持的、结果导向的管理方式。

企业运行逻辑差异的挑战

除了团队文化上的差异，联络互动也要面对巨大的企业逻辑差别。在整合团队的同时，联络互动对新蛋的业务也进行了整合，在保持新蛋原有业务优势的基础上，扩大经营范围，从北美向全球辐射，从“自营”式电商向“自营 + 平台”式电商发展，为跨境企业的管理开辟了可供借鉴之路。

联络互动的双向跨境是一个跷跷板：一边是优势，一边是劣势。优势是新蛋在北美有 3,700 万用户，这是其他中国企业没有的——联络互动拥有很大的用户量和很好的品牌积淀；劣势是国内阿里巴巴和京东等电商巨头的打压。在一个跷跷板的两边，联络互动只有把自己有优势的地方做得更好，才更有竞争力。新蛋的原有业务优势在 IT 和 3C 领域。在保持优势方面，新蛋做了三件事情：（1）电脑一站式购物、科技商城、M2C① 品牌对接。新蛋会提供品种齐全的电脑、电子及所有科技相关产品的一站式购物体验。（2）为确保能给客户提供高水平的服务，新蛋只选择与最优质的经销商和品牌合作。（3）为了提供更优质的购物体验，新蛋和全世界最优秀的科技品牌保持着长期友好的合作关系。

在全球线上销售方面，为了向消费者提供更全面的科技产品选择，并保证高水准的客户服务，新蛋筛选出优秀的全球卖家，扩充产品线。针对线上销售，新蛋提出的要点包括：邀请制准入方式、佣金式费用结构、专用账户支持、优质集成服务、仓储服务、新蛋货运服务、优质卖家商店等。同时，新蛋开始从北美向全球扩张，通过新蛋的国际拓展计划，众多中国卖家已经依托新蛋平台把商品销往全球 50 多个国家。与此同时，新蛋在全球拓展的态势也引起了各国政府相关部门的关注，它们纷纷计划与其联手，希望通过新蛋的平台优势，为合作国家的消费者引入前沿的科技产品，也为本国企业提供更为广阔的销售渠道。例如，2019 年 3 月，新蛋与丹麦政府签署了合作备忘录，以帮助更多优质的丹麦制造的产品顺利走向全球。

在美国，新蛋本来只做自营式电商，就像在国内阿里巴巴、淘宝做平台，京东做自营一样。在联络互动的加持下，2018 年，新蛋加速全品类扩张，开始从“自营”式电商向“自营 + 平台”方向转变。新蛋为每个卖家配备了专门的业务经理，提供本地化市场运营服务、卖家物流服务及技术支持服务；为海外卖家提供入驻北美市场的渠道平台，并协助它们降低运营成本，提高运营效率。

整合业务有助于降低企业经营成本，使联络互动有能力去追求更大的商机。何志涛认为，在保持文化差异性的同时把公司管理好，是一道没有最优解的难题，只能在求同存异的基础上不断尝试。

---

① M2C：manufacturers to consumer（生产厂家对消费者），指生产厂家直接对消费者提供自己生产的产品或服务的一种商业模式。

跨境之路的延伸

并购新蛋之后，联络互动成为国内首家真正意义上中资控股美国本土跨境电商的企业。以新蛋为依托，联络互动孵化出“ttchic”和“tt 海购”两个平台，分别承担推动中国品牌走出去和将海外优质产品引进来的功能。将品牌一分为二是否正确，何志涛表示目前尚无结论，新蛋正在尝试中前行。

延伸海外落地服务，助力中国企业“卖全球”

联络互动致力于为中国企业提供一站式海外落地服务，推出了“ttchic”这个品牌。

从本质上看，跨境电商业务是中国传统外贸转型的结果，它更像是在国际竞争中升级的中国高端制造业取代原本低附加值的产品。何志涛认为，目前大部分中国产品只是“中国制造”，利润低，口碑差，没有品牌，没有专利，更没有自己独立的用户，其中没有品牌是企业出海的巨大痛点。在中国 40 年改革开放历程中涌现出很多公司和品牌，但在全世界范围被广泛关注和认同的品牌却极为有限。ttchic 想让“中国制造”转变为“中国质造”，使“中国质造”对接新蛋这座桥梁，让 ttchic 成为一站式品牌出海集成服务商，帮助中国企业“卖全球”，填补中国品牌在海外市场水土不服的短板。

作为服务商，ttchic 甄选高品质的中国优质品牌入驻新蛋平台，提供从渠道、品牌，到营销、推广、仓储、物流、法务、财务等一站式的完整服务。中国卖家既能享受来自新蛋的千万海外流量，还能拥有完善的本地营销网络和仓储物流服务。

图 4　ttchic 与新蛋业务链

ttchic服务
联络电商

图 5　ttchic 服务

拓展国内跨境电商，助力中国消费者“买全球”

除了帮助中国企业“卖全球”，联络互动也想让中国消费者“买全球”。2017 年，联络互动面向国内消费者推出了跨境电商平台“tt 海购”，定位“智选全球尖货”，布局双向跨境电商。

依托新蛋成熟的供应链，tt 海购采用海外名品直购的方式，通过直邮客户的模式，让中国消费者能从全球 50 多个国家和地区选择心仪的商品。根据团队提供的数据，目前 tt 海购上线了 10 万多个 SKU①，供应商均来自新蛋。tt 海购采用海外直购的模式，中国用户的订单全部直达海外品牌商，购买过程中没有代理和转运等环节。

与天猫、京东全球购（代购）模式相比，tt 海购的海外直购模式更顺应当前国内跨境电子商务的政策趋势。直购模式的好处有以下几点：商品直接来源于品牌商，保证正品；减少中间环节，获得了一定的价格优势；品牌商直接负责售后和品质管理，与消费者沟通更加直接。何志涛认为，在母婴、美妆领域，进口跨境电商的发展相对比较充分，但在其他领域，还有大量品类没有进入中国市场，更谈不上竞争。与网易考拉、天猫国际、洋码头、蜜芽

---

① SKU：stock keeping unit（库存量单位），即库存进出计量的基本单元，可以以件、盒、托盘等为单位，现在已经被引申为产品统一编号的简称，每种产品均对应有唯一的 SKU 号。

等平台相比，tt 海购不但兼收并蓄了北美市场的新品类、高品质、大数据等先觉优势，也因为中国团队的主导而更符合中国消费者的本土化需求。新蛋搜集到的北美数据刚好能运用到 tt 海购平台上，将北美或者全球优质的供应商引入中国，满足中国消费升级带来的需求变化。反过来，tt 海购也会把中国成熟的电商经验带给全球卖家，让其更好地服务中国消费者。

优化消费者购物体验的“最后一公里”

联络互动在拓展媒介渠道与竞争环境变化的过程中，各种新的营销模式应运而生，如社交电商、内容电商、大数据智能推荐等，但何志涛认为电商始终只需要做一件事：便宜或快速地送达商品。电商的本质就是把供应链做好，把进货渠道、品牌管理以及产品质量管理做好。国内众多突飞猛进的电商已经开始大量转向内容电商、社交电商，例如云集、拼多多等，但这些都只是销售模式上的变化，电商的本质并没有变。而联络互动更多探索的是在电商固有本质上的优化。

在亿万消费者的服务体验环节，中国消费者在网购方面的体验要远远好于美国企业，中国电商在物流配送上也有非常成熟的模型可供借鉴，比如阿里菜鸟和京东物流。2018 年 12 月，新蛋在北美开展了围绕消费者体验升级的新实验，其核心就是将中国电商的先进方法论引入北美市场，尤其是物流环节，新蛋要让用户得到更优质、更方便、更快捷的服务，进一步强化用户对平台的忠诚度。

新蛋通过加强与 FedEx（联邦快递）的持续合作，将订单接收范围扩大至 12,000 多个 FedEx 服务网点，包括 FedEx Office 零售店、Walgreens 以及全国各地的 Kroger 和 Albertsons 精选地点，并延长假期营业时间，解决了影响电商购物体验的“最后一公里”，从而改进升级了客户购物体验。通过双方的强强合作，目前新蛋的客户配送选择范围更广了，包括客户曾光顾过的杂货店和药店等，FedEx 也会在接到订单后立即通知客户。

在北美地区，此前大型的本土快递公司主要与大客户保持长期稳定的合作，众多成熟的电商平台，包括亚马逊，也在通过会员次日达的服务提升用户感受。与之相比，新蛋本身领先全球的三套仓储设施叠加 FedEx 的合作效应，将实现优势的最大化。此次，新蛋与 FedEx 合作，或将通过不断建立当地的“菜鸟驿站”[①]，加速提高北美用户的网购“最后一公里”体验，进而提升平台价值。

展望跨境之路的质变

新蛋经过一年的自营产品线拓宽，以及在全球开设 POP 店，快速渗透至 52 个国家。据 2017 年“黑五”销售数据，新蛋第三方商城 MarketPlace 成长率为 45%，其中新蛋加拿大成长率达 49%。除了业务的拓展，并购也给联络互动带来了集团营收的优势。2018 年，联络互动的电商及经销营业收入为 136 亿元，占比为 97.2%，成为企业营收的主要来源。并购使联络互动能够把传统业务整合进来做梳理，从而降低成本和费用，以追求更大的商业机会。

何志涛认为，商业问题一部分是量变，一部分是质变，有人做质变，有人做量变。在互联网行业，绝大部分员工扮演着螺丝钉的角色，绝大部分的人都在做量变的工作。从何志涛的思维逻辑出发，如果自己每天的业务和决策以及思考只是做量变的事情，那公司永远也做不大，而有“野心”的人要考虑的永远是如何达到质变。

联络互动是在北美的中国企业，目前全球贸易中仍存在壁垒甚至摩擦，但何志涛认为威胁与机遇是并存的。他坚信，最大的机会来自两个全世界最大的国家之间的摩擦，壁垒的大门会打开，而且今后的机会点会更多。尽管联络互动也有成为“炮灰”的可能性，但从宏观上看机遇是存在的，因而企业要从微观上锻造核心竞争力。跨国企业应该做的并非担惊受怕，而是增强自己的竞争力。如果有变成“炮灰”的机会，也会有战胜亚马逊、战胜阿里巴巴的机会。中国从改革开放到现在，一直都在飞速发展，对于联络互动而言，无论是国家“一带一路”倡议和跨境电商政策扶持，抑或是全球跨境电商市场规模的高速增长，都是风口机遇。

① 菜鸟驿站是一个由菜鸟网络牵头建立，面向社区和校园的物流服务平台及网络平台，它为网购用户提供包裹代收服务，致力于为消费者提供多元化的“最后一公里”服务。

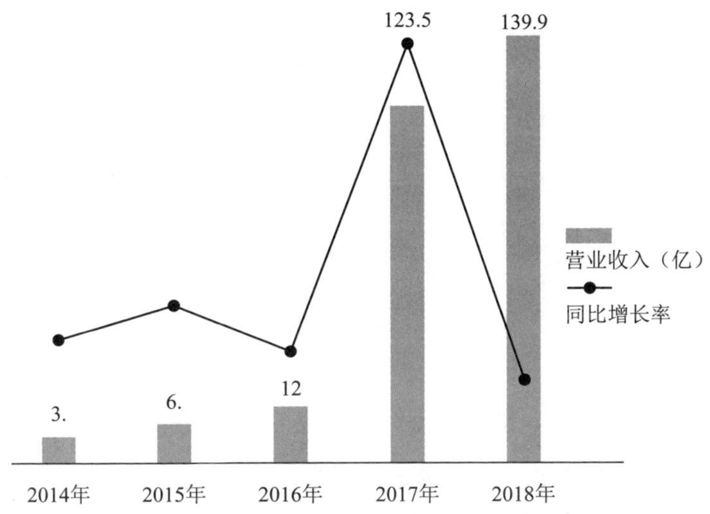

图 6　联络互动历年营业收入及同比增长率

联络互动将依托自身优势，以构建双向跨境电商平台为基础，打造电商新业态，继续做好跨境电商“供应端”和“消费端”的连接，推动企业乃至全行业的前进与“质变”，将跨境并购之路延伸得更加长远、宽阔。

课堂访谈

图 7　何志涛对话李小萌、连进

问题一：创业以来您觉得最大的挑战是什么？其实我们看到很多走出国门、收购外企的人在抱怨，您从一开始就可以接受这些挑战吗？

何志涛：最大的挫折一直都在，包括到今天都可能是我过去五年里最低谷的时候。我经历了股灾和业务变化以及市场监管等太多的过程，其实一路都非常坎坷。坦然接受这些挫折很困难，但如果一个人不想在一个地方老老实实地上班，而是希望有一些建树，心胸和格局是必备的。所以创业者要吃得下更多的委屈和承受更多的难受，挫折只是一个过程，年轻是资本。

问题二：现在内容电商和社交电商应该是一个新品类模式，开创的还是品类，是新品牌取代老品牌、新品类取代老品类吗？

何志涛：从品类角度而言，要构建核心竞争力，需要非常长的时间，依靠品牌解决不了所有的问题，只能解决部分的问题。比如说英特尔的芯片，它的品牌锻造和自身产品的核心竞争力之间有很大关系，品牌对英特尔芯片来说既重要也不那么重要。

连进：英特尔原本就是进入C端[①]的，但是过通过B端[②]进入C端，就建立了品牌的优势，这就比其他同类供应商的品牌和产品认知更强烈。如果B2B[③]和B2C[④]的企业可以在C端品牌下建立强大的认知，拥有这个品牌的公司就会更强。

何志涛：但是新品类模式的开创是有一个演变过程的。其实准确来说，原来的电商只干一件事：便宜和快速地送达商品。抛开所有的表面，本质是没有那么复杂的，比如我送货最快。电商企业需要做的就是如何具备这种竞争力。但在跨境电商上，就很难拥有这个优势。比如在北美和中国，我们在北美是42%的商品当天送达、41%的商品次日送达。但是在中国，如果不用

① C端：即客户端，C是“customer”或“client”的缩写，意为消费者、个人用户或终端客户。通常而言，C端产品服务于个人，更注重个人用户体验。

② B端：即企业端，B是“business”的缩写。通常而言，B端产品服务于组织，B端产品的设计主要是围绕管理目标、业务目标等进行的。

③ B2B：business-to-business的缩写，即企业端到企业端，指企业间通过专用网络进行数据信息的交换、传递，是进行交易活动的一种商业模式。

④ B2C：business-to-customer的缩写（即企业端到用户端），中文简称为“商对客”。“商对客”是电子商务的一种模式，也就是我们通常说的直接面向消费者销售产品和服务的商业零售模式。

京东或者阿里巴巴的渠道配送体系，能做到当日送达的商品不超过6%；如果只用我们自己的配送渠道，也只能做到12%。但如果我们愿意用阿里巴巴或京东的配送和物流，就会使送达率提高很多。电商竞争的本质也是价格竞争，亚马逊坚持了那么多年，都是想告诉消费者可以用最低的价格在亚马逊买到好东西，它所做的一切都是为了低价。

连进：“快”就是一个认知的构建，所以我们研究的是如何把消费者紧紧地勾住，比如现在的拼多多就是通过拼团，用便宜的水果把大家勾住的。用专业术语这就叫“心智登陆点”，天猫是通过服装、京东是通过3C、新蛋是通过数码。这个“心智登陆点”如果足够强大，且具备由点到线再到面的雏形，那企业扩张品类就更容易了，所以未来联络互动的操作要点是构建点、线、面、体和电商生态。

何志涛：其实因为IT/CE产品价格最透明，恰巧是毛利最低的品类。但是它的品类扩张也有一个发展逻辑。比如我们想把某件产品卖给用户，我们的优势是：当用户买了IT/3C产品以后，我会发现卖某些产品给他很容易，比如汽车，因为他信任这个平台。但是我卖不了服装，因为这个用户的衣服是在淘宝买的，所以汽车类用品、户外用品，是我容易卖给他的，因为品类发展有一个过程。

连进：这个发展的进化路径，就是定位的进化路径。

问题三：据我所知，新蛋自2001年创始以来一直在盈利，但是现在中国的电商企业从未把盈利放在第一位，它们刚开始创业的时候往往是持续亏损的，您怎么看这两种不同的发展模式?

何志涛：这两种模式是由于电商企业发展阶段不同造成的，原来国内的电商在发展相对早期的时候愿意通过亏损和烧钱的方式进入市场，因为那个时候用户没有形成购买习惯，所以需要更多的投资去教育用户，而教育用户的成本是最高的，这种亏损也可以理解。此外，对长期建设的投资也有很多，包括仓库、物流中心和配送，长期投入会造成亏损，但对长期发展而言是有价值的。距离当时的竞争点已经过去10年不止，现在大部分电商公司亏损的原因是追求规模的快速成长。自从我做了新蛋董事局主席后，我的看法是，如果公司的成长速度足够快，我也是不介意亏损的，在这一点上，新蛋和原有的电商的运营逻辑是不一样的。但亏钱的企业也未必好，与我们同年在北京中关村注册的公司有 1,300 多家，到现在活下来的只有 22 家。新蛋已经在北美做到了第一名，如果还持续亏损，对股东来讲并不是很好的回报。

连进：为什么要烧钱呢？如果赛道足够宽，可以抢占顾客的心智地皮，在他们的大脑里占据一个词，那这个时候花钱是值得的。和传统的商业不一样，电商以占据顾客的心智资源为目标。以物理市场和心智市场判断公司的价值，就可以更好地理解为什么现在那么多互联网公司会选择烧钱。

问题四：现在很多的贸易商、广告咨询公司、设计公司、创意孵化平台以及投资机构，甚至电商平台，都在积极地介入和推动智能硬件创新，您是如何看待这种创新主体多元化的市场格局的？

何志涛：我认为智能硬件是一个相对广义的命题，走到智能这一步对企业而言就是一个更大的进步。就像我刚才所说的，先进的生产力会替代落后的生产力。有那么多企业出来做电商，各家都具备优势，而是否具备核心优势和核心竞争力，唯一的判断标准是消费者。企业最终能把产品卖给消费者，并且从消费者那里获得了比较好的口碑和持续的购买，这才是唯一的检验标准。目前各家还处在一个竞争的过程中，最后还要由市场来检验。

讲座嘉宾简介

何志涛　联络互动创始人、董事长、新蛋董事局主席。曾获胡润百富“十大 80 后企业家”、“最受尊敬的青年企业家”、《证券日报》上市公司卓越总裁、《证券时报》中国上市公司十大创业领袖、希望工程贡献奖等多项荣誉。2007 年创办联络互动前身——北京数字天域科技有限公司，2014 年率领公司成功在 A 股上市。目前联络互动已快速成长为创新型互联网科技集团，主营业务包括双向跨境电商、传媒、智能硬件及金融四大板块。

特约嘉宾简介

连进 特劳特定位实战专家，深度研究定位理论多年，原劲霸男装副总裁，北大汇丰商学院特约讲师，深圳清华研究院工商管理研修班外聘讲师。2006 年始任劲霸男装股份有限公司副总裁，主导品牌建设和传播策略，在领导劲霸团队的 7 年时间里，运用定位理论，成功地将劲霸塑造为中国夹克第一品牌。

主持人简介

李小萌，资深媒体人、主持人、制作人、教育投资人。获得中国主持人最高奖“金话筒”奖，2018 年被《人物》杂志评为年度女性人物。大型父母成长类节目《你好爸爸》《你好妈妈》制片人、主持人。

CTR 的变与不变

我国的市场研究服务自 20 世纪 80 年代中期起步至今，已经形成了一个专门的行业类别。随着改革进程的不断深入，各类机构对市场研究服务的需求越来越强烈，且行业不断扩展壮大。CTR（央视市场研究）是 1995 年成立的一家中外合资市场研究企业，中方大股东是中央电视台旗下的中国国际电视总公司，外方股东是广告巨头 WPP 旗下的 Kantar 集团。经过 24 年的发展，CTR 已成为一家综合性的研究公司，每年平均调查访问量超过 100 万，到 2019 年为止，CTR 已经访问了全中国人口的 1%。

图 1　徐立军在课堂上做精彩分享

数据成就了市场研究行业，也使得长久致力于数据的研究公司在大数据时代面临更多的颠覆性挑战。2019 年 3 月 19 日，中国市场研究业领军企业的管理者——CTR 执行董事、总经理徐立军来到中国传媒大学“企业创业与创新”公开课的课堂，立足互联网时代带给研究公司的新挑战，结合 CTR 的转型实践，讲述了数据背后的“变”与“不变”，分享了自己对研究公司转型的思考与探索。

精彩分享

研究公司的核心业务与多重使命

美国营销协会（AMA）对市场研究的定义是：市场研究是通过信息将消费者和生产者联系起来的纽带。

研究公司服务的行业非常广泛，包括快消品、汽车、金融、媒体、广告、政府机构及非营利机构等。研究公司的业务范围涉及三个层面：data（数据服务）、insight（洞察服务）、solution（解决方案），这三个层面分别回答了“是什么”“为什么”和“怎么办”。正所谓“no data，no research”“no data，no business”，数据是基础，这也是为什么研究公司经常又被叫作“数据公司”。从业务类型来看，研究公司的业务包括多个方面，比如用户研究、行业研究、第三方监测与核验等。

研究公司为客户做用户研究，包括新产品测试、口味测试、包装测试、节目测试等，比如，在客户的新品大批量投放市场前，研究公司的口味测试可以帮助客户了解和把握新口味的受欢迎程度，让企业避免无依据、无研究的市场投放，造成不必要的损失。

在行业研究方面，研究公司会通过采集连续性数据来观察整个行业的最新变化，并做出趋势性分析，帮助客户把握最新行业趋势。比如 CTR 每年会在 8 月底 9 月初举办 CTR 洞察大会，向市场发布快消品市场、广告市场和媒介市场的最新趋势报告。

研究公司在第三方监测与核验方面的业务类型分为很多种，以核查类业务的银行神秘顾客为例，访问员会以顾客的身份去银行做针对用户体验的暗访，比如记录工作人员是否按照要求着装、服务设施是否规范等。

消费者购买和消费行为研究将解答消费者买什么（what they buy）、在哪儿买（where they buy）、如何买（how they buy），以及购买之后如何使用的问题，这些数据对于快消品企业了解自家产品的销售与使用情况具有非常大的参考价值，有助于其进行商业决策。

CTR 的业务范围涉及消费者购买和消费行为研究、广告监测与效果评估，以及针对媒介、金融、汽车、旅游、通信、公共服务等方面的专项研究。CTR 的广告监测与效果评估包括电视广告监测、户外广告监测、互联网广告监测、公交广告监测、地铁广告监测等，每天对各种媒介包括电视、互联网、广播、户外、报纸、杂志上播出、上线、刊发的广告进行监测和效果评估。

市场研究行业的“气候性变化”

随着互联网的普及，人们获取和输出信息的方式发生了巨大的变化，“数据”开始成为当今时代经济发展的重要生产要素，大数据将成为“未来的新石油”。媒介变迁不仅改变了社会信息的传统交换方式，也颠覆了传统市场研究行业进行调查分析的思路，带来了“气候性”而非“气象性”的变化。

变化之一：数据无处不在

对于研究公司来说，互联网时代带来的最重要的变化，就是“数据无处不在”。

随着企业生产经营活动及消费者个人生活的逐步线上化、数字化，数据变得更加容易获得。以前，甲方客户必须依赖研究公司提供的数据作为决策基础，现在甲方都或多或少有了一些自己的数据，甚至出现了各种数据满天飞的数据泛化现象。凯文·凯利说，“未来一切生意都是数据生意”，对于研究公司来说这或许是个好机会。

但数据泛化也带来了问题：市场上存在类似网络播放量等太多自我报告的数据。在研究公司看来，自我报告的网络播放量、粉丝数、点赞量数据作为 PR（Public Relations，公共关系）的主要用途，就是一个对外“宣传片”。这些数据缺乏客观性和公正性，网络播放量可以自己“刷”、可以从网上买，不具备专业参考价值，不可采信。美国的一项研究认为，50% 以上的互联网点击量属于非人类点击；在国内，虚假流量占比为 30% 左右基本是行业共识。因此，看起来数据无处不在，但并非一切数字都能称作数据，只有能够拿来当作依据和证据的数字才能被称作数据。面对数据泛化，我们首先要辨析所得的数据和结论是否可靠，也许这个结论本身就是可疑的。

在互联网时代，研究公司不仅要更有效地搜集数据，更要学会辨析数据，更有效、更精准地洞察数据背后的“蛛丝马迹”。

变化之二：媒体无处不在

与数据一样，媒体也无处不在，中国目前拥有世界上竞争最为激烈的媒体市场。

在徐立军看来，当下中国媒体的格局迎来了一个从未有过的百年变局。从报纸到广播、电影、电视、互联网，现代媒介一百多年的发展历程中从来没有哪个年代像现在这样变化这么大、速度这么快，变革如此深刻和丰富。

从媒介进化的角度来看，互联网是媒介变迁最大的变量，让一百多年的媒介变迁历史转换了逻辑。互联网出现之前，新的媒介都是对过去某一种媒介或某一种先天不足的媒介功能的“补救”或“补偿”。比如印刷、报纸等是对口头传播的补救和补偿；电视又为广播无法看到图像的遗憾提供了一种补偿。而互联网的出现，则使中国媒体的格局进入了一个巨变的时代，互联网几乎涵盖了现有的所有媒体的传播方式，它并非是在过去媒介发展延长线上的再进化，而是“另起一行”，成为其他所有媒介的“母媒介”。正因为如此，媒体融合已成为大势所趋。

在媒体融合的趋势下，研究公司需要思考如何评估不同媒体的营销价值，如何为客户提供准确的决策依据，我国已经不能再简单地复制和沿用原来的媒体价值评估逻辑了，因为不是所有媒介都是媒体，也不能说所有的传播都有价值。媒体的价值所在，是不仅要为受众提供他们想知道的信息，更要提供他们应该知道的信息，而后者更应该是媒体机构做的事情，也是网络媒体应该补足的媒体能力。

在徐立军看来，对媒体价值进行评估，仅有接触点评价是远远不够的。

所谓的报纸订阅量、电视收视率、广播收听率、互联网下载量，都是受众接触媒介的接触点，但同等数量的接触点在不同媒介上的效果大为不同。在媒介接触之后，还存在更多、更为关键的态度和行为反应变量：比如说接触之后对受众的影响是正向的还是负面的、影响力是强还是弱、是否能触发受众行为的改变——因此受众态度及行为反应的变量，比接触本身更值得关注，接触只是一个开始。

目前，无论传统媒体还是互联网新媒体，似乎都陷入了追求规模排名的“规模误区”以及追求“爆款产品”的迷思之中，其背后的潜在逻辑是“平权主义”——假定用户 A 和用户 B 接触同样的媒体内容的价值相等，但其实个体之间和媒介之间是不同的。尽管媒体无处不在，但媒体的价值大小却不尽相同，媒体价值不能仅用接触点去简单地评价。

变化之三：广告无处不在

互联网时代带来的第三个变化是：一切广告皆内容，一切内容皆广告。CTR 每天会对包括电视、互联网、广播、户外、报纸、杂志等各种媒体上播出、上线、刊发的广告进行监测及效果评估。互联网时代既让“媒体无处不在”，也使“一切皆广告”，这无疑使研究公司对广告的监测与效果评估的难度再次升级。

中国传媒大学广告学院院长丁俊杰教授曾提出：虽然中国的手机用户日均解锁 122 次，但是消费者在主动接触手机的同时，也在主动回避广告，聚集了流量不等于聚集了广告注意力。“人与媒介”的关系 ≠“人与广告”的关系。徐立军也用两个英文单词来形容这种情形：look ≠ see，“看”不等于“看见”。受众在接触媒介的时候，也许并没有注意到媒介上承载的广告信息，反而会有意识地回避。

徐立军认为，以电视为例，电视线性传播的效果假设，无法移植到网络的非线性传播上。电视的线性传播特性让电视广告不可回避，而网络的非线性传播特性却让受众有了更多的选择自由，同时也出现了广告的可见性问题，比如广告有没有被完全打开。例如宝洁公司在数字营销时代削减了 1 亿美元的广告预算，但实际销售额却没有发生变化。

图 2　丁俊杰教授提出：“人与媒介”的关系≠“人与广告”的关系

由于受众主动回避广告，导致软性广告越来越多。内容性广告或植入性广告将成为未来广告监测和效果评估方面占比非常大的领域。CTR 和中国传媒大学广告学院每年合作的针对广告主营销趋势的连续调查结果显示：70% 的广告主对于新型的植入广告更感兴趣，且有近 80% 的广告主认为需要健全目前植入广告的效果评估体系，这也让广告监测发生了变化。

中国市场研究行业的发展与广告业的变化息息相关，如何在广告泛化的态势下理解、思考各类媒体的广告价值，做好广告监测和效果评估，已成为研究公司要面对的新挑战。

通过适应性转型，引领行业前进

互联网时代给作为第三方的研究公司带来了“气候性变化”。数据洞察力升级的高要求，媒体和广告监测、评估的变化，去中心化、去中介化的趋势，这些挑战都将促使研究公司在变化的时代中思索转型之路。

面对技术迭代、市场风云变幻的征途，经过 20 多年坚持不懈的努力，CTR 已成为国内最具影响力和权威性的调研公司之一，为行业树立起了发展样本。CTR 的发展历程与中国市场研究行业的发展几乎同步：从最开始的媒介研究做起，随着中国快消品和其他行业的崛起，又进入消费者研究领域；随着互联网的快速发展，又不断创新升级，在媒体融合、互联网监测、用户体验研究和大数据应用等方面走出新的发展之路。在徐立军看来，转型本身是无须选择和讨论的，但正所谓“所有成功都是转型的包袱”，旧城改造一定比建一座新城更难。

应对变化的过程也是自我造血的过程，CTR 在研究产品以及增值服务等方面不断进行改进和创新，在 2016 年进行了运作体系的整合，把原来分散的大运作部、线上运作部和媒介智讯运作部以及数据处理部合并，成立了新的运作及样本中心来开发新的运作技术。

与时俱进的研究领域

CTR 的研究领域聚焦媒介经营与管理、品牌与传播策略、消费者洞察，尤其在 360° 营销传播监测、消费者购买与使用行为测量、媒介与消费行为评估、媒体价值评估等专业研究领域拥有权威的第三方地位和货币型产品。这些优势进一步延续到媒体融合、受众用户化、智能电视、跨平台传播等营销领域。

当人们对互联网的依赖与日俱增，“三网融合”与“N 屏一云”成为大势所趋，“融媒时代”到来，使用多种终端获取信息成为人们生活的常态。在媒介经营管理领域，CTR 针对媒介内容优化、广告经营策略、媒介品牌管理，又细分出了相应的研究领域，开发出实效的媒体内容管理与广告运营解决方案，从而使传统媒体可以更好地借助互联网平台提升自身价值。

碎片化、多终端交互式的媒体接触行为和追求体验的消费诉求牵引着品牌营销策略的走向。在品牌与广告传播领域，CTR 针对品牌传播策略、广告效果评估和跨媒体接触习惯，也细分出相应的研究领域，以更有效地追踪评估广告投放效果和媒介投资效果，为客户提供营销决策依据，使品牌与目标消费者实现精准的触达和深层次的互动，从而帮助广告主、品牌管理者获得最大的投资回报。

当下，中国消费市场潜力巨大，需求多样，各种类型的消费者的生活形态和消费行为千差万别。在消费者研究领域，CTR 针对购物者行为与洞察、目标消费者生活形态、态度与行为和产品与创新，细分出相应的研究领域，其中隶属于 CTR 的凯度（KANTAR）消费者指数，是世界连续性消费者固定样组研究方向的领导者，其公布的全球品牌足迹报告榜单因专业性和独立性而得到业界的广泛认可。CTR 消费者研究连续跟踪测量消费者行为，解析及探索其背后的使用、态度与生活形态的关联趋势。

成立中国第一家专注媒体融合的研究院

图 3　CTR 媒体融合研究院成立

互联网进入中国 20 多年，其转型变革全面展开了一段新的征程。徐立军提到，媒体融合成为大势所趋，这既是政治任务、国家战略，又是媒体自身生存发展必须要走的路。CTR 作为一家在媒介研究领域具有优势竞争力的公司，自然要选择媒体融合业务来为中国传统媒体的媒体融合助力。2015 年 8 月 18 日，CTR 成立了国内第一家专注于媒体融合的研究院，专门进行实务研究和对策研究。CTR 媒体融合研究院创立的“德外 5 号”微信公众号已经成为中国媒体融合核心观点的策源地。研究院不断提供媒体转型的案例与分析，以及国际媒体转型的最新实践，积极布局 OTT① 业务，牵头创建“智能电视大数据联盟”，建立覆盖全国所有智能电视机的全量数据联盟，共同推

① OTT：“over the top”的缩写，指通过互联网向用户提供各种应用服务。这种应用和目前运营商所提供的通信业务不同，它仅利用运营商的网络，而服务由运营商之外的第三方提供。目前，典型的 OTT 业务有互联网电视业务、苹果应用商店等。

进智能电视大数据的互通与集结，制定符合电视大屏特点的广告效果评估标准，推动智能电视产业快速有序地发展。

疾速迭代的研究产品体系

营销的基础是产品，对研究公司而言也是如此。丰富而成熟的专业研究领域背后是一系列研究产品的迭代与支撑。随着互联网的快速发展，CTR 无论是生产运作系统还是各产品线都在不断创新升级，现已形成以媒介智讯、媒介与消费行为研究、中国消费者指数研究、个案集群研究和媒体融合研究为主要架构的产品系统。

◎媒介智讯

媒介智讯秉承凯度（KANTAR）在全球领先的行业经验，凭借覆盖全国超过 500 个城市的媒体监测执行网络，致力于为客户提供 360 度的营销传播监测服务，帮助客户及时洞悉和应对市场营销发生的变化。

◎媒介与消费行为研究

媒介与消费行为研究立足于消费者研究，基于多年积累的跨媒体、全品类连续数据优势，全面满足客户在用户画像、跨媒体投放、线上行为分析及生活形态趋势研究方面的数据监测和深度洞察需求。

◎凯度消费者指数

凯度消费者指数对人群的快速消费品购买和消费行为进行连续不断的跟踪监测研究，是唯一能够全面监测中国消费者快速消费品购买通路和主要零售商的研究手段。

◎个案集群研究

个案集群研究覆盖媒介、消费品、政府、通信、家电、IT、汽车、金融及互联网等各个领域，依托自身覆盖全国的运作体系，提供专项与连续数据整合的服务范式及分析模型。

在每年的 CTR 洞察高峰论坛上，CTR 还会对外发布创新产品。比如 CTR 媒体融合效果评估体系，TGI[①] 助力程序化精准投放解决方案，同源样本

---

① TGI：target group index（目标群体指数），可反映目标群体在特定研究范围（如地理区域、人口统计领域、媒体受众、产品消费者）内的优势或劣势。

的媒介接触、购买、使用研究等。这些产品分别致力于解决各家机构新媒体产品的互联网传播效果测量问题，以调研数据和互联网大数据融合的方式帮助行业优化广告投放效果，并通过全面观察同一个消费者的媒体接触行为和产品的购买与使用行为，打通“看”与“买”的关系。

不断升级的增值服务

随着中国经济水平的高速提升和互联网的发展叠加，中国消费市场逐渐强大，中国消费者的需求也越来越成为主导品牌定位与传播诉求的决定性因素之一。在此情况下，CTR 不再局限于单一的服务需求，还同时向用户提供“洞察中国”的增值服务，以帮助企业、品牌进一步了解中国市场和中国消费者。

“洞察中国”现有高峰论坛、趋势报告、出版物、媒介课堂、《数说发现》五种形式。每年的高峰论坛会聚焦热点话题，发布趋势及预测并携手业界专家学者共同探讨品牌传播在中国市场上面临的挑战和机遇；趋势报告会将 20 多年的连续性数据库与丰富的市场实践经验相结合，发布权威发展趋势解读和行业分析报告；CTR 专业出版物由具有独特观点的深度分析文章选集和实用的工具书系列组成，主要评估各媒体价值及深入分析受众与消费者行为；媒介课堂旨在帮助客户深入详细地了解服务的内容及相关媒介分析软件的功能，以提高广告经营与行业研究中的应用水平;《数说发现》每月出版，快速传递 CTR 的最新研究成果，分享成功案例。

针对不同形式的增值服务，CTR 在广度和深度上都进行了探索，以帮助客户更深入地理解其商业环境，将信息化的数字和前瞻性的趋势分析转换为客户品牌营销及传播的决策依据。

持续进化的运作技术

调研数据采集最重要的是找到合适的被访者。传统线下调查面临执行难度大、周期长、成本高、访问员人为干扰等问题；在线样组虽然可以扩展线下样本量，但仍难以满足一些低渗透率的项目研究，比如，某些手机新机上市之初，市场渗透率较低，要对指定机型的用户开展调研则难度较大。

为了解决传统调研方式“找人难”的问题，CTR 将互联网公司纳入自己的整个研究执行供应链中。通过对 200 多万真实用户的问卷数据、CATI① 数据等数据进行建模分析，CTR 自主开发的用户画像系统能够精准地定位受访者；同时，通过将内外部数据结合打通，CTR 问卷精准投放引擎能够将人群定向、媒体定向、频次控制、时段定向等多维度筛选条件自由组合，向目标用户定向推送问卷，实现精准调研。通过标签的校准，CTR 可以做到精准投放，从而实现从“人找人”到“大数据找人”的转变。

此外，互联网社区也成为实现调研与监测的途径。以户外广告监测为例，以往都是雇用访问员实地进行户外广告效果的监测，现在则可以运用互联网社群发放任务，任何一个网友在接受培训后，都可以成为 CTR 的访问员，通过众拍平台抢执行任务，随拍随传，随时发送，实时对户外广告进行监测，从而更好地检测广告投放效果并改进投放策略。

CTR 还将 AI 技术应用于商业元素的识别。随着越来越多植入广告的使用，靠人工监测广告中的商业元素变得越来越难，而通过 AI 技术则可以快速、准确地识别出植入广告中的商业元素。

图 4　将 AI 技术应用于商业元素的识别

无缝衔接的业务流程

研究公司经典的操作流程是：受访者→数据采集→数据处理→分析报

① CATI：computer assisted telephone interview，计算机辅助电话访问，是一种利用专业软件和计算机、电话等硬件进行的互动式电话访问形式，目前已经广泛应用于统计局社情民意调查、品牌知名度研究、市场研究等领域。

告→客户，在这样的流程下，通常需要两三个月的时间才能够将报告交给客户。而当下，客户的需求更加务实，更加看重服务带来的实际效果与效率，而非传统的数据报告和分析建议。CTR 正在尝试将自己隐身化，实现从端到端，也就是从受访者端直接到客户端的无缝衔接，把中间环节彻底隐身到 CTR 的数据平台中。客户在自己办公室的电脑中，通过 CTR 的数据平台，就能直接看到经过 CTR 处理的受访者信息、数据、报告等内容，并获得及时、有效、可行的解决方案。这种情况下，客户离信息源更近，获取信息更便捷，速度也更快，效率更高。

拥抱“变化”，也紧握“不变”

紧跟时代变迁是每个公司的生存之道，各公司在变化的浪潮中需要做出应对之策，与此同时，各公司也应拥有自己的战略定力，紧握企业的本元价值。“大多数人都高估了市场的变化速度，而低估了没有发生变化的重要性。”徐立军非常认同亚马逊董事长贝佐斯所说的——拥抱变化不如赌对不变。

行业本元价值的不变

数据无处不在，来自第一方、第二方的数据正越来越多地被使用，区块链分布式记账方式又为解决信任问题提供了多种可能，来自研究公司的第三方数据被相应弱化。在这样的情形下，一方面，的确有挑战；但另一方面，研究公司第三方的价值并不会立刻被取代。市场研究行业的核心价值在于“高效到达和精准把握受众与消费者”，而在互联网的澎湃大潮之下，接触、把握受众与消费者，其实比之前更难了。所以，浪潮虽然汹涌，但并不会把研究行业的大船掀翻。相反，市场研究行业的价值仍然存在，甚至比以前更凸显了。第三方的监测价值是破除“自我报告”最重要的工具。正因为第三方公司具有独特的信任价值，研究公司才更需要对自身的角色有清晰的认知。

CTR 提出“归元”的战略关键词，就是要回归“更加高效地到达和更精准地把握受众及消费者”这一市场研究行业的本元。转型是为了应对变化，而“归元”其实是为了应对不变。CTR 的不变，就是聚焦行业的本元价值，聚焦公司核心能力的建设，坚持长期主义，结硬寨，打呆仗。徐立军认为，越是经济形势不好的时候，越是“结网”“磨刀”的好时机，不能因为周围的世界变化太快就迷失在这些变化中，而应注意那些不变的事实。

企业价值观的不变

徐立军曾做过新闻记者，他认为新闻行业和研究行业的根基是一样的——求真；新闻信息和调研监测数据，对于整个社会而言，其角色也是一样的——都是一种公器。作为第三方的研究公司并不是一家单纯的商业公司，而应该是一家公众公司，这样的公司应该成为承担公共价值、担当行业责任的公司。因此，需要第三方自身对于独立自主地位的认知与坚守。可以说，“求真”是任何一个第三方研究公司应该笃定坚持到底的不变，这个根基变了，公司最核心的本元价值就不复存在了，即使数据越来越花哨，也得不到公众或客户的信任。

徐立军也强调，CTR 对数据心存敬畏。虽然 CTR 做不到给客户提供他们所想要的所有数据，但是 CTR 承诺提供的数据是真数据，是最大限度地逼近真值的数据，是调研、采集出来的真材实料。

企业管理理念的不变

关于企业的管理理念，徐立军提到，能够做到给员工提供一个体面的生活、一份有尊严的工作、一段有价值的人生的公司就是一个好公司。

CTR 努力提供比行业平均水平更高的待遇，以此来保证员工获得体面的生活。关于有尊严的工作，徐立军认为，研究公司和甲方的关系不是普通的甲方、乙方关系，研究员更多地被甲方称为“老师”，更像顾问、咨询师这样的角色。徐立军也强调，研究员必须靠自己的专业能力去赢得尊严。关于一段有价值的人生，徐立军认为，CTR 很难保证每一个加入的员工都能够“从一而终”，但是 CTR 尽力做到的是——员工在 CTR 的每一天、每一年，其个人的品牌，以及在职场上的价值能够得到保值、增值。CTR 和员工的关系，不应该是 CTR 付给员工薪酬，购买员工的工作时间，CTR 希望员工在 CTR 工作的这段时间里，除了薪酬之外，都能获得职业成长，都能积累职业经验。

目前，中国市场研究行业的市场规模仅占全球的 4% 左右，与中国经济在世界经济中的占比还很不匹配，整个市场研究在中国仍有很大的增长空间。市场研究行业未来的发展转型之路方兴未艾。CTR 在时代变迁中既进行着积极的转型实践，亦坚守着行业价值与公司价值观；既在探索中拥抱变化，也紧握不变。

课堂访谈

图 5　徐立军对话赵音奇

问题一：算法是基于假设的，是否算法会因为假设而变得对用户的画像有局限?

徐立军：一方面，一些学者认为算法的推荐机制会导致出现“信息茧房”或者说会产生“回音壁”效应，即每个人永远只看那些自己想看的。这种现象的确存在，但同时我也认为，不必夸大其负面效果，算法本身会改进、会优化，机器也会自己学习、改进。每个人如果真的只看自己喜欢的东西，确实会导致出现“信息茧房”，但是我更相信人类的聪明才智，我们不会沿着这样的延长线走下去。

问题二：您一直在说研究公司是在为广告主和企业服务，对于您来说，或者对于研究公司来说，“受众”除了是研究对象，还是什么呢？对于斯宾塞“受众商品论”这个观点您怎么看？

徐立军：我曾经说过，所有的中国电视台在受众身上花的钱，投入的精力、资源是远远不够的。我们研究受众的目的，短期内看当然是提升收视率，获得更多的广告回报。但是受众研究的最终目的一定是增进受众福祉，这是不能忘却的事情，就像我们通常说的，“不要因为走得太远，而忘记了因何出发”。受众是我们最终的靶心，抓住了受众，广告商一定会随之而来。我们不能因为要吸引广告商而把受众当作工具，我们的最终目标是受众，广告商会因为电视台积聚了受众，自然而然地跟进来。

问题三：公司使用的设备都比较智能化，问卷设计也比较精密，或许在测试方式上还不够通俗，如何保证测试的普众性？老年人和少年儿童会成为调研数据方面的缺失吗？

徐立军：首先，市场调查行业也有通用规则，我们是不会调查年龄太小或者太大的人的。这不是年龄歧视，这是要求调查对象对事实的判断需要有基本的认知能力，所以我们对于不同年龄段、不同认知水平的人需要有这样一个清晰的判断。但随着人们寿命的增长，这个年龄组的规定将随着时代的变迁不断变化。

讲座嘉宾简介

徐立军　央视市场研究（CTR）执行董事、总经理，CTR 媒体融合研究院执行院长，长期从事媒体实践与市场研究工作，曾在中央电视台的市场策略研究咨询工作中担任重要角色，推动并参与了“电视收视率调查准则”国家标准的制定出台。2015 年，他发起成立了国内第一家媒体融合研究院，

2017 年主导建立了旨在覆盖全国所有智能电视机全量数据的智能电视大数据联盟，2018 年创新研发出 CTR 媒体融合效果评估体系。

主持人简介

赵音奇 电视节目制片人、双语主持人，毕业于中国人民大学和美国斯坦福大学商学院，1999 年进入中央电视台参与创办《希望英语》栏目并担任主持人，曾担任《味道》《大真探》《中国诗词大会》等节目的制片人。2017 年离开中央电视台至美国斯坦福大学进修，获 MSx 管理学硕士学位。

后 记

与企业导师一起，遇见“经营之道”

亲爱的朋友，感谢您一页页读过来，终于到达这里——这本书的最后一页。又或者，您还没来得及阅读，迫不及待想通过序篇和后记来了解该书的核心内容。总之，都是太好的遇见了。这本书带给我们的“经营之道”和感悟都十分的丰富，不仅实用而且耐人寻味。

第一，它来自课堂，而且起源于企业导师们的引领和分享。转眼三年，与每一年度的“企业营销战略”课程相应，书籍也进展到了第三卷，第一卷《透过产业看未来》以及第二卷《营销突破》自出版发行后，均受到了业界和学界的欢迎与肯定。而这本《营销突破Ⅱ》正是这门课程所有精华内容汇集而成的第三卷。

基于13位企业家在课堂上分享的内容，课题组对每个案例进行了研究、挖掘、梳理和撰写。13个企业案例不仅真实记录了企业精英们的思考和做法，而且力求可读和完整。

第二，书中介绍的经营之道虽然各有侧重，但丰富全面。从企业文化到品牌运营、从定位到品牌复兴、从营销思维到传播逻辑、从国际市场到战略转型，包罗了企业在运营方面的核心脉络。有的案例吸收了国际品牌管理理论的成果，有的案例更多是实践探索过程中形成的管理诀窍，有的案例则有着很强的针对性和可操作性。

第三，具体到我们正在面对的问题或者挑战，相信您一定会从这些案例中找到答案或者启示。

例如，当你制定品牌战略时，如何定位？又或者如何重新定位？当品牌进阶来临时，你要如何做出决策？从区域品牌向全国品牌转变，该如何战略作战、系统作战？当本土品牌在国际品牌中崛起，辐射全国并进军国际市场要如何开展？如何立足自身优势开展差异化营销？再或者，在全球化背景和网络环境下，企业要如何制定品牌的发展策略？如何建立品牌文化？当品牌需要重新定位或复兴时，应该怎样做出决策？如何在困境中建立营销新模式？如何在营销中运用到的所有媒体？等等。

以上种种问题，在这本书中都给出了答案，以及答案背后的探索、创新之举，挑战、智慧攻略。当然，一剂药不能治百病，一个企业的经验要完全适用于其他企业，不可能也不现实，

但是这本书一定可以为企业中高层提供很有价值的借鉴，它也是高等院校和培训机构不可多得的教材。营销从来不是简单的工作，面对影响营销的各种变幻莫测的力量，这些企业精英带领团队面对挑战，开展创新实践，这些路程、经历和他们的所思所想汇集成了 13 个案例，其意义和价值有目共睹。

第四，本课程和本书的问世，不仅是各方精诚合作的结果，更有多位幕后英雄。

感谢企业家和企业精英们的分享，每一个案例都是坚持创新的结晶，也是他们的奉献。聆听消费者心声，即时反应，满足不断变化的需求，品牌的态度、企业家的态度，依然是企业发展和做好营销的决定因素。成功的企业一定是好的企业、好的企业家、好的团队、好的文化有机结合并系统发展的。

我特别要说的是，各企业为我们专门匹配了优秀的团队，他们与我们一起召开会议，多次沟通，使得课程能够顺利进行；在后期案例形成文本的过程中，团队又积极配合，多次反馈。在这里要向他们真诚致谢。

最后，也要感谢课题组的老师和同学们。何海明教授负责课程总体设计，确定每一位企业家的名单；符绍强老师和陈怡老师与我配合何海明教授进行教学、书稿、外宣、出版等事宜；张津老师和毛佳兴老师负责组织现场

拍摄和直播信号传送。

具体到书稿整理，我要感谢团队不惜力的付出。潘今语负责海底捞案例的初步整理与撰写；宋诗谣负责衡水老白干、爱慕案例的初步整理与撰写；方贤洁负责古井贡酒、优学派案例的初步整理与撰写；黄信鹏负责东阿阿胶、云集案例的初步整理与撰写；蒋文昕负责伽蓝集团、神舟电脑案例的初步整理与撰写；陈栩臻负责赛菲尔和蔚来汽车案例的初步整理与撰写；徐嘉欣负责联络互动和 CTR 案例的初步整理与撰写。

我们力求让书稿易读易用，不足之处也请您海涵，不妥之处，还望您与我们交流并指教。虽然辛苦费神，但是我们深知创作、整理与传播知识和思想是有功德的事情，希望这些成果能帮助更多企业发展，有益于职场一线人士以及大学学子。书稿完稿之际，市场和消费者的变化依然，企业的营销和媒体的发展都在不断演进，希望您会和我们一道再接再厉，共同追逐企业英雄们的创新之路和经营之道，保持热情和持续的学习劲头，在求知的路上“纵使疾风起，人生不言弃”。

杜国清

中国传媒大学广告学院教授，博士生导师